ALDEA DEL DOLOR

Un viaje introspectivo hacia tu sanación

Doctora Elizabeth R. Vlijt

Título: Aldea del Dolor
Subtítulo: Un viaje introspectivo hacia tu sanación.
Derechos reservados 2024
Doctora Elizabeth R. Vlijt

Casa publicadora Zafiro
ISBN:9789083252766

Writing Coach:
Drs. Luisette Kraal
Saved To Serve International Ministry (SSIM)

TABLA DE CONTENIDO

PREFACIO

A menudo nos encontramos en situaciones que parecen surgir de la nada, atrapados en lugares mentales y emocionales cuyo origen no podemos identificar con claridad. La vida nos empuja por caminos oscuros, llenos de incertidumbre y confusión, donde el pasado se desvanece y las señales que alguna vez guiaron nuestro rumbo se vuelven borrosas. Es en medio de esta oscuridad emocional donde he enfocado mi atención, explorando el complejo y enigmático reino de las emociones incomprendidas y poco aceptadas.

Este reino es un lugar que muchos conocemos demasiado bien, aunque rara vez lo nombramos. Es un espacio al que llegamos desprovistos de herramientas, sin un mapa que nos guíe, y donde el sufrimiento puede tomar formas tan reales que resulta casi imposible seguir

adelante. Las emociones que experimentamos aquí—
el miedo, la tristeza, la desesperanza—no son meras
sensaciones; en este mundo, cobran vida y adoptan
formas concretas, personificándose como seres con
los que debemos enfrentarnos. Tememos articularlas,
pues creemos que al hacerlo nos exponemos al juicio
o al rechazo. Sin embargo, para quienes las viven,
estas emociones son tan palpables y poderosas como
cualquier otra realidad.

" Aldea del Dolor" es mi manera de dar forma a este
reino, de darle un rostro y un cuerpo a ese dolor interno
que tantas veces permanece oculto. En esta narrativa,
las emociones más oscuras no solo se sienten, sino que
toman la forma de personajes y paisajes que reflejan
el sufrimiento interno de quienes habitan en este lugar.

Siguiendo la historia de una pareja que se adentra
en esta aldea, te llevaré en un viaje donde el dolor,
que al principio parece un refugio, se revela como una
trampa insidiosa que atrapa a sus víctimas en un ciclo
interminable de sufrimiento.

A medida que esta pareja y otros personajes exploran
la Aldea del Dolor, se enfrentan a sus miedos más
profundos y a las heridas que han cargado por tanto
tiempo. Las emociones que encuentran no son solo
parte de su pasado, sino que aparecen ante ellos como
entidades vivientes, con rostros, voces y voluntades
propias. Estas entidades personificadas ponen a
prueba su relación, que en este entorno se convierte
en un faro de apoyo mutuo. Juntos, descubren que el
verdadero desafío no es solo sobrevivir en este lugar,
sino confrontar y dialogar con los miedos internos

que los mantienen atrapados. Solo al enfrentar estas sombras encarnadas logran encontrar el camino hacia la liberación y la sanación.

En un acto de reflexión y renovación, deciden registrar su experiencia contándola la semana de su boda, transformando su viaje de desesperación en un testimonio de esperanza. Este relato es un recordatorio de su travesía, de las luchas que han superado, y de su firme determinación de no caer nuevamente en los patrones destructivos que alguna vez los dominaron.

" Aldea del Dolor" no es solo una metáfora, sino una representación emocional viva de un viaje profundo hacia la curación. A través de esta historia, te invito a experimentar este mundo invisible de las emociones perjudiciales de una manera que quizás nunca antes habías considerado: como un lugar donde las emociones tienen rostro y voz. Mi esperanza es que, al leer esta historia, encuentres en ella un reflejo de tus propias luchas y que te inspire en tu propio camino hacia la paz interior.

Al sumergirte en esta narrativa, te animo a explorar esos sentimientos que a menudo ocultamos, no por falta de importancia, sino por miedo a no ser comprendidos. " Aldea del Dolor" es una invitación a reconocer que el dolor, aunque difícil de enfrentar, puede ser el primer paso hacia una nueva comprensión de ti mismo y hacia una sanación genuina.

AGRADECIMIENTO

A Maritza León,

A ti, que fuiste más que una guía, más que una amiga. Fuiste una luz en medio de la Aldea del Dolor, iluminando caminos que yo no sabía que existían. En los días en que las sombras parecían eternas y mi propia voz apenas era un susurro, tú hablaste con palabras llenas de fe, amor y sabiduría, mostrándome que incluso en los lugares más oscuros, hay esperanza.

Fuiste mi maestra y mi mentora, pero más que eso, fuiste un reflejo del corazón de Dios, extendiéndome una mano firme y un abrazo cálido cuando más lo necesitaba. Con tu paciencia, tus consejos y tu constante presencia, me enseñaste que el dolor no define quién soy, sino que puede ser un puente hacia la sanación y la renovación.

Hoy, al compartir esta historia, quiero honrarte a ti, Maritza, y el impacto que tu bondad y fe han tenido en mi vida. Este libro no solo refleja mi camino hacia la liberación, sino también el amor y la dedicación que me mostraste en cada paso. Gracias por ser ese faro que me guio de regreso a la luz, por creer en mí cuando yo no podía hacerlo, y por mostrarme que incluso en el dolor, Dios nunca deja de trabajar en nosotros.

Este libro, y mi corazón, llevan tu huella imborrable.

Con eterna gratitud,

Elizabeth, tu alumna de escuela Dominical

CAPÍTULO 1
El origen de la transformación

Este capítulo nos revela verdades profundas sobre la vida a través de la historia de Adira y Asier. El dolor es una presencia inevitable, pero no es lo que define nuestro destino. A través de sus experiencias, comprendemos que los desafíos y las pérdidas son parte del camino, pero son nuestras respuestas a estas adversidades las que realmente moldean el futuro. Adira y Asier encuentran fuerza y esperanza en medio de la tragedia, demostrando que el sufrimiento, aunque difícil, puede ser un catalizador para la transformación personal.

La conexión humana emerge como un tema central; el encuentro entre ellos nos enseña que compartir el dolor no solo alivia la carga, sino que también fortalece.

La verdadera sanación viene de la mano de otros, y la compañía mutua se convierte en un elemento esencial para superar los momentos más oscuros de la vida. El amor que florece entre ellos no se presenta como una simple emoción pasajera, sino como una elección consciente que se refuerza cada día. Es en las decisiones diarias, en la perseverancia y en el apoyo mutuo donde el amor verdadero encuentra su forma más tierna.

El pasado de ambos personajes, marcado por la pérdida y la soledad, no define quiénes son en su esencia, pero sí fortalece su presente. Ellos no se permiten ser encadenados por su historia, sino que usan esas experiencias como cimientos sobre los que construyen una vida llena de significado y propósito. Finalmente, la resiliencia se revela como la clave para superar la adversidad. La capacidad de Adira y Asier para seguir adelante, pese a las cicatrices que llevan, nos recuerda que la fortaleza interna es lo que nos permite no solo sobrevivir, sino también prosperar en medio de las tormentas de la vida.

Antes de Vivir Felices para Siempre

Adira respiraba profundamente mientras sus dedos temblorosos intentaban abotonar el último botón de su vestido. Sabía que este día llegaría, pero nunca imaginó la oleada de emociones que la inundaría al ponerse el traje. En su mente, el eco de su niñez huérfana resonaba como un recordatorio de todo lo que había superado para llegar a este instante, de los días grises sin compañía ni consuelo. Pero hoy, todo brillaba con un resplandor diferente.

Sabía que esta boda no era el final de su cuento, pero estaba segura de que era la decisión más acertada de su vida. Se encontraba en la casa de Esperanza, una amiga de la infancia con la que compartió momentos de alegría y travesuras antes de que la vida las llevara por caminos separados. El destino, en un giro curioso, volvió a entrelazar sus caminos, y Esperanza le ofreció su hogar para que se preparara para la ceremonia. Entre risas nerviosas y abrazos llenos de nostalgia, Adira se sentía en paz, como si todo lo vivido la hubiera llevado a este preciso lugar y momento.

Era hora de partir hacia la ceremonia. Adira se miró al espejo una última vez, y el reflejo la dejó sin aliento. Su vestido azul cielo, con un corte de princesa que se deslizaba grácilmente hasta sus tobillos, le confería un aire místico. Las mangas transparentes caían suavemente sobre sus brazos, un toque sutil que le daba elegancia y un dejo de misterio. El velo blanco, corto y delicadamente bordado con pequeños detalles de perlas, cubría su rostro, pero no ocultaba su sonrisa. Flores blancas colgaban desde la parte trasera del velo hasta su cintura, ondeando ligeramente con cada movimiento, como si quisieran bailar al compás de su emoción contenida.

Adira salió de la habitación con un suspiro profundo, sus manos apretando un ramo de lirios blancos, y bajó las escaleras con paso decidido. Afuera, Esperanza la esperaba junto a un carruaje adornado con flores. La música suave de un violín flotaba en el aire, proveniente de un rincón cercano donde un músico callejero, ajeno a la importancia del día, tocaba una melodía serena. Una hermosa coincidencia para una ocasión tan especial.

La Llegada a la Iglesia

Cuando Adira llegó a la iglesia, el sol brillaba alto en el cielo, bendiciendo la ocasión con su luz cálida y radiante. Era como si el universo se hubiera alineado para darles a Adira y Asier un día inolvidable.

Los invitados estaban reunidos en la entrada, susurrando con admiración al verla acercarse. Las puertas se abrieron de par en par, revelando el interior decorado con arreglos florales de lirios y jazmines que impregnaban el aire con su dulce fragancia.

El oficial de la ceremonia, un anciano de mirada bondadosa, esperaba en el altar junto al hombre que Adira había elegido para compartir su vida. Su futuro esposo la miraba con ojos llenos de amor y promesas, un reflejo de todos los sueños que habían compartido y los que estaban por venir.

Asier apenas podía creer que estaba a punto de casarse con la mujer a la que había amado desde niño. Sus ojos se llenaron de lágrimas, y unos sollozos escaparon de su boca, que apretaba con fuerza, tratando de contener la emoción.

Mientras avanzaba por el pasillo, con cada paso resonando en el mármol antiguo del suelo de la iglesia, Adira recordó los altibajos de su vida. Como huérfana, había aprendido a ser fuerte, a confiar en sí misma y a soñar con un futuro mejor. Y ahora, al final de ese camino, su corazón se llenaba de gratitud. Antes de vivir felices para siempre, se dijo, hubo una vida entera de luchas, risas, lágrimas y alegrías. Este día era la culminación de todo ello, el comienzo de un nuevo capítulo.

La iglesia estaba bañada por una luz dorada que se filtraba a través de los vitrales, tiñendo el suelo de mármol con colores cálidos. A medida que Adira caminaba lentamente por el pasillo central, sostenía su ramo de lirios blancos con firmeza. Cada paso resonaba en el silencio reverente de la iglesia, como un latido que marcaba el ritmo de su corazón. Sentía la mirada de los invitados sobre ella, pero su atención estaba fija en el altar y en el hombre que la esperaba: su futuro esposo, Asier.

Asier, al igual que Adira, también había crecido sin padres. Desde el momento en que se conocieron, se sintieron unidos por la similitud de sus historias, por esa conexión silenciosa de quienes saben lo que es crecer en soledad. Esa comprensión mutua y resiliencia compartida los había acercado, primero como amigos y luego como amantes.

El Encuentro en el Altar

Cuando sus ojos se encontraron, Adira vio en Asier una mezcla de emociones reflejadas en su rostro. Él llevaba un traje oscuro perfectamente ajustado, pero lo que más destacaba era su expresión. Sus ojos, normalmente calmados y serenos, brillaban con una intensidad que le hizo sentir como si fueran los únicos dos en el mundo. Había un entendimiento tácito entre ellos, una promesa silenciosa de apoyo y amor eterno.

A medida que Adira se acercaba, Asier dio un paso adelante. Ninguno de los dos tenía a nadie a su lado para entregarlos; ambos habían encontrado en el otro una familia, un hogar. Aunque ellos tenían amigos y familiares lejanos, habían decidido hacerlo así, sin ninguna persona entregándolos en el altar.

Finalmente, Adira llegó al altar, y el silencio que los rodeaba se llenó con el susurro de las hojas de los lirios moviéndose con el leve temblor de sus manos. Asier extendió la suya, y Adira, con una sonrisa llena de emoción contenida, se la tomó. El contacto de sus manos fue cálido y firme, y en ese momento, todo el nerviosismo se desvaneció. Se miraron fijamente, sabiendo que este era el comienzo de algo más grande de lo que jamás habían imaginado.

El ministro que oficiaba la ceremonia, con una voz suave y serena, comenzó a hablar de amor, de compromiso y de la importancia de compartir una vida juntos. A medida que hablaba, Adira y Asier seguían mirándose, como si cada palabra fuese una promesa renovada entre ellos. Los lirios en el ramo de Adira parecían más blancos que nunca bajo la luz suave de la iglesia, símbolo de la pureza de sus intenciones y de la sinceridad de su amor.

Los Votos

Cuando llegó el momento de los votos, Adira sintió que su corazón latía con fuerza. Tomó aire y, con una voz firme, comenzó a hablar:

—Asier, desde que nos conocimos, supe que había

encontrado en ti a alguien que comprendía mis cicatrices y el dolor interno causado por la pérdida de mis padres.

Adira y Asier se conocieron cuando eran apenas unos niños. Un encuentro que cambió sus vidas para siempre, marcado por la tragedia y la pérdida. Un gran terremoto devastó la ciudad, separándolos de todo lo que conocían y dejando tras de sí un rastro de destrucción. Ambos acababan de perder a sus padres, quedando solos en un mundo que de repente les parecía inmenso y desolador.

Después del terremoto, Adira fue llevada por un grupo de rescate al autobús que se dirigía a la Aldea del Dolor, un lugar para los huérfanos y personas sin hogar afectados por la tragedia. Sentada junto a la ventana, con los ojos hinchados de tanto llorar, Adira miraba el paisaje devastado que pasaba a toda velocidad. Los escombros de edificios derrumbados y las calles cubiertas de polvo y ruinas le recordaban todo lo que había perdido. No podía dejar de pensar en sus padres y en cómo su vida había cambiado en un abrir y cerrar de ojos.

El autobús hizo una parada en las afueras de la ciudad, donde un grupo de personas sobrevivientes de la catástrofe esperaba ser recogido. Entre ellos, Adira notó a un niño de cabello oscuro y rostro sucio. Estaba solo, con una mochila desgastada colgando de su hombro y una expresión de tristeza y agotamiento en su rostro. Cuando la conductora del autobús abrió la puerta, el niño subió con pasos vacilantes, mirando a su alrededor con una mezcla de miedo y desorientación.

Adira sintió un nudo en la garganta al ver esa mirada; era la misma que ella había tenido desde el momento en que comprendió que sus padres ya no estarían allí para consolarla.

El autobús estaba lleno de personas en situaciones similares, pero algo en ese niño llamó la atención de Adira. Tal vez fue la forma en que se detuvo al entrar, mirando a los demás como si buscara un lugar donde pertenecer, o tal vez fue el hecho de que sus ojos, llenos de lágrimas contenidas, reflejaban el mismo dolor que ella sentía.

El niño, Asier, avanzó por el pasillo del autobús buscando un asiento libre. Finalmente, sus ojos se cruzaron con los de Adira. Ella le ofreció una pequeña sonrisa, débil pero sincera, e hizo un gesto con la mano para que se sentara a su lado. Asier dudó un momento, pero luego se acercó y se sentó, dejando su mochila a sus pies.

—Hola —dijo Adira en un suave susurro, su voz temblorosa por la emoción contenida—. Soy Adira.

Asier levantó la vista, sorprendido por la amabilidad en su voz. Era la primera vez desde el terremoto que alguien le hablaba con suavidad. Tragó saliva y respondió:
—Soy Asier.

Hubo un silencio incómodo entre ellos durante un momento. Ambos miraban hacia adelante, sin saber muy bien qué decir. Finalmente, Adira rompió el silencio, susurrando con voz tenue:

—¿Tus padres...? —No terminó la pregunta, pero no hacía falta. La tristeza en sus ojos hablaba por sí sola.

Asier asintió lentamente, sin poder encontrar las palabras. El nudo en su garganta se hizo más grande, pero al ver que Adira estaba pasando por lo mismo, le dio un poco de valor para continuar.

—Los perdí, mi madre en el terremoto y mi padre murió en la guerra hace mucho tiempo cuando yo era aún un bebe—murmuró, bajando la mirada hacia sus manos, que descansaban nerviosamente en su regazo—. Estoy solo ahora.

Adira sintió que sus ojos se llenaban de lágrimas de nuevo, pero trató de mantenerse fuerte. Extendió una mano hacia Asier y la puso suavemente sobre la suya.

—Yo también estoy sola —dijo, con la voz quebrándose—. Pero... tal vez no estamos tan solos si estamos juntos.

Asier miró la mano de Adira sobre la suya y luego levantó la vista para encontrarse con sus ojos. En ellos vio algo más que dolor; vio una chispa de esperanza, una promesa silenciosa de que, a pesar de todo lo que habían perdido, todavía podían encontrar consuelo el uno en el otro.

En la iglesia, la atmósfera era mágica. Los vitrales dejaban pasar la luz del sol, creando un mosaico de colores en el suelo de mármol. El silencio era casi reverente mientras Adira en silencio miraba fijamente a Asier para continuar pronunciando sus votos.

Adira, con su vestido azul cielo, tomó aire profundamente. Sus manos temblaban ligeramente, pero sus ojos estaban fijos en Asier. Su voz era suave pero llena de emoción cuando siguió con su voto:

"Asier," continuó Adira, con una pequeña sonrisa, "desde el momento en que nos conocimos en aquel autobús, supe que nuestras almas estaban destinadas a encontrarse. Tú comprendiste mi dolor como nadie más, y en medio de la oscuridad, me diste una luz que no sabía que necesitaba. Prometo amarte con todo lo que soy y apoyarte en cada paso de nuestro camino juntos. Prometo que, pase lo que pase, siempre estaré a tu lado, sosteniéndote la mano, como lo hice el primer día que nos conocimos."

Un suspiro emocionado recorrió la congregación. Asier, conmovido por las palabras de Adira, apretó su mano con más fuerza. Se tomó un momento para calmarse antes de hablar.

"Adira," dijo Asier, con voz firme y decidida, "cuando nos conocimos, ambos habíamos perdido tanto, pero encontré en ti una fortaleza y una ternura que me dieron esperanza. Desde entonces, has sido mi hogar, mi refugio en las tormentas de la vida. Prometo amarte y cuidarte cada día, ser tu roca y tu refugio, igual que tú lo has sido para mí. Prometo compartir contigo no solo mis días felices, sino también mis luchas, porque contigo, sé que puedo enfrentar cualquier cosa."

Con lágrimas en los ojos, Adira sonrió, y los dos se miraron profundamente, sintiendo en ese momento que el mundo desaparecía a su alrededor. El ministro los bendijo, y cuando finalmente intercambiaron los anillos, el lugar estalló en aplausos y gritos de júbilo.

La Celebración

La celebración que siguió a la ceremonia fue igual de especial. La recepción se llevó a cabo en el jardín amplio del templo, decorado con luces brillantes que colgaban de los árboles, creando un ambiente cálido y acogedor. Los invitados charlaban y reían mientras disfrutaban de la comida y la música en vivo que llenaba el aire.

Después del banquete, llegó el momento del primer brindis. Asier, con una copa de vino en la mano, se levantó y golpeó suavemente el borde de su copa con una cuchara, llamando la atención de todos. Cuando la multitud se calmó, miró a Adira con una sonrisa amorosa y comenzó a hablar.

"Quiero contarles una historia," dijo Asier, su voz llena de emoción, "una historia que muchos de ustedes ya conocen, pero que para Adira y para mí, es el comienzo de todo."

Los invitados lo miraron con curiosidad, algunos ya sabiendo a qué se refería. Asier tomó una respiración profunda antes de continuar.

"Hace muchos años," comenzó, "cuando éramos solo unos niños, un gran terremoto sacudió nuestra ciudad. Perdimos a nuestros padres, nuestras casas, y para ser honestos, casi perdimos la esperanza. Yo estaba solo, asustado y confundido, esperando en una parada de autobús sin saber a dónde ir. Pero entonces, el autobús que me llevó a la Aldea del Dolor se detuvo, y fue allí donde vi a Adira por primera vez."

La multitud escuchaba en completo silencio, algunos con lágrimas en los ojos mientras Asier continuaba.

"Cuando subí al autobús," recordó, "vi a una niña sentada junto a la ventana. Estaba sola, con la misma mirada de dolor que yo tenía. Nos sentamos juntos sin decir nada al principio, pero cuando finalmente hablamos, nos dimos cuenta de que, aunque habíamos perdido tanto, no estábamos completamente solos. Nos teníamos el uno al otro."

Asier hizo una pausa, su mirada fija en Adira, que lo observaba con lágrimas en los ojos y una sonrisa en los labios.

"Desde ese día," continuó Asier, "hemos compartido todo. Nuestra tristeza, nuestra alegría, nuestras esperanzas y nuestros sueños. Hoy, en este día tan especial, quiero brindar por Adira, no solo porque es mi esposa, sino porque es mi mejor amiga, mi confidente, mi todo. Por muchos años más de amor y de vida juntos."

Los invitados levantaron sus copas y brindaron por la pareja, el sonido del cristal llenando el jardín. La música comenzó a sonar de nuevo y Asier tomó la mano de Adira, llevándola a la pista de baile para su primer baile como marido y mujer. Se movieron lentamente al ritmo de la música, sus ojos nunca se apartaron el uno del otro, sabiendo que, a pesar de todo lo que habían pasado, habían encontrado en el dolor un camino lleno de esperanza.

La celebración de la boda había alcanzado su punto culminante. Después de la ceremonia en la iglesia, los invitados se trasladaron a un hermoso salón adornado con guirnaldas de flores y luces titilantes. La música llenaba el aire, y el ambiente estaba cargado de alegría y emoción. Los amigos y algunos familiares de Adira y Asier se habían reunido para celebrar su unión, disfrutando de la comida, el vino y las risas compartidas.

En medio de la pista de baile, Adira y Asier se encontraban en el centro de la atención de todos, rodeados de sus amigos más cercanos. La orquesta comenzó a tocar una melodía lenta y romántica, y las luces del salón se atenuaron, creando una atmósfera íntima y mágica. Adira se veía radiante, con su vestido azul cielo moviéndose suavemente con cada paso, y Asier, en su traje oscuro, no podía apartar la mirada de ella. Sus manos estaban entrelazadas, y ambos se movían al compás de la música, perdidos en su propio mundo.

Mientras bailaban, Asier se inclinó hacia Adira y le susurró al oído: "Te amo más de lo que las palabras pueden expresar. Desde el momento en que nos conocimos, supe que estarías a mi lado para siempre." Adira sonrió, con lágrimas de felicidad en sus ojos, y sus mejillas se ruborizaron ligeramente.

En ese momento, la música pareció desvanecerse para ellos, aunque seguía sonando para los demás. Asier miró profundamente a los ojos de Adira, y ella sintió que todo a su alrededor se detenía. Era como si el tiempo mismo hubiera hecho una pausa para permitirles disfrutar de ese instante perfecto. Con una firmeza suave y una pasión contenida, Asier acercó su rostro al de Adira.

El beso que siguió fue intenso, lleno de emoción y deseo. Asier la sostuvo con delicadeza, pero con una firmeza que demostraba cuánto la había esperado y cuánto significaba para él. Sus labios se encontraron en un beso profundo, donde cada segundo parecía un eterno susurro de amor. Adira sintió que sus pies dejaban el suelo mientras el mundo a su alrededor desaparecía; solo estaban ella y Asier, unidos en ese momento de pura conexión.

Las manos de Asier se deslizaron suavemente hacia la cintura de Adira, atrayéndola más cerca de él, y Adira respondió envolviendo sus brazos alrededor de su cuello, inclinándose más hacia él, entregándose por completo a la sensación de estar entre sus brazos. Sus labios se movían con una sincronía perfecta, un lenguaje sin palabras que decía todo lo que sentían el uno por el otro.

Los invitados los observaban, algunos sonriendo y otros limpiándose las lágrimas de emoción. No había necesidad de palabras, pues todos podían sentir la fuerza del amor que los unía. La música seguía llenando el salón, pero para Adira y Asier, el mundo estaba en silencio. Todo lo que existía era ese beso apasionado que parecía detener el tiempo.

Finalmente, cuando sus labios se separaron, ambos abrieron los ojos lentamente, respirando profundamente. Asier sonrió, con su frente tocando suavemente la de Adira, susurrando: "Estoy contigo, ahora y siempre." Adira asintió, sus ojos brillando con lágrimas de alegría, sabiendo que ese beso era solo el comienzo de un viaje lleno de amor y aventuras juntos.

Después del beso apasionado que compartieron en la pista de baile, Adira y Asier sintieron el peso de todas las miradas de los invitados sobre ellos, pero en lugar de sentirse cohibidos, se sintieron profundamente conectados con todos los presentes. Sabían que este era un momento que querían compartir no solo entre ellos, sino también con aquellos que los habían apoyado y amado a lo largo de los años.

Asier tomó la mano de Adira, llevándola hacia el escenario, donde un pequeño micrófono esperaba ser usado. La música se apagó lentamente y una sensación de expectación llenó la sala. Los invitados se agruparon más cerca, ansiosos por escuchar lo que la pareja tenía que decir. Adira y Asier intercambiaron una mirada cómplice, y con un suave apretón de manos, se prepararon para compartir la historia de su vida con aquellos que les importaban.

Asier fue el primero en hablar. Con su voz calmada pero cargada de emoción, dijo: "Sabemos que, para muchos de ustedes, nuestra historia es un poco conocida. Han estado a nuestro lado, han visto cómo crecimos, cómo nos unimos, y cómo hoy llegamos a este momento tan especial. Pero hay partes de nuestra historia que quizás no todos conocen, y Adira y yo queremos compartirles algo que para nosotros significa mucho. Queremos contarles cómo un terremoto nos cambió la vida para siempre y, a pesar de la tragedia, nos trajo hasta aquí."

Adira asintió, tomando el micrófono con delicadeza. Sus ojos brillaban con la misma luz que tenía cuando recordó su primer encuentro en aquel autobús hacia la Aldea del Dolor. "Sí," continuó ella, "es una historia de pérdida, pero también es una historia de esperanza, de amor, y de encontrar luz en medio de la oscuridad."

Los invitados estaban completamente cautivados, algunos con lágrimas en los ojos, otros con sonrisas de aliento, esperando el relato que estaban a punto de escuchar.

Asier miró a Adira y, con un gesto que era tanto una invitación como una muestra de respeto, la animó a comenzar. "Adira, ¿por qué no empezamos desde el principio? Desde el día en que todo cambió para nosotros."

Adira respiró hondo, asintiendo nuevamente, y comenzó a contar con una voz suave pero llena de fuerza: "Era un día cualquiera, o al menos eso parecía. Estábamos con nuestras familias, viviendo nuestras vidas normales, hasta que un gran terremoto sacudió nuestra ciudad. En un instante, todo lo que conocíamos fue arrancado de nosotros. Perdimos a nuestros padres, nuestras casas, todo lo que nos era familiar. Ambos fuimos llevados a un lugar llamado la Aldea del Dolor, un refugio para aquellos que, como nosotros, lo habían perdido todo. Fue en ese autobús, en medio de lágrimas y desesperación, donde vi a Asier por primera vez..."

Con cada palabra que pronunciaba Adira, los recuerdos de aquel día volvieron a la mente de todos los presentes.

El silencio en la sala era casi tangible, solo interrumpido por el ocasional sonido de una silla moviéndose o un suspiro emocionado.

Asier continuó desde donde Adira lo dejó: "Recuerdo haberme sentido completamente perdido, sin saber qué hacer ni a dónde ir. Pero cuando la vi, sentí una conexión instantánea. Era como si, incluso sin conocerla, supiera que compartíamos el mismo dolor, la misma tristeza. Nos sentamos juntos en ese autobús y, sin decir mucho, encontramos consuelo en la presencia del otro."

A medida que relataban su historia, las imágenes de su pasado parecían cobrar vida en las mentes de los invitados. Podían imaginar a esos dos niños asustados encontrándose en medio de la tragedia, aferrándose a la única esperanza que les quedaba: la de no estar completamente solos.

Adira y Asier, juntos, continuaron su relato. Hablaban de los días difíciles en la Aldea del Dolor, de cómo aprendieron a apoyarse mutuamente, a compartir risas y sueños incluso en los momentos más oscuros. Contaron cómo, con el tiempo, su amistad creció y se convirtió en algo más profundo, algo que ambos reconocieron como amor verdadero.

Finalmente, Adira tomó la mano de Asier y miró a su alrededor, hacia las caras de aquellos que los habían acompañado en su viaje. "Y hoy, aquí, con todos ustedes, celebramos no solo nuestra unión, sino la promesa de un futuro juntos. A pesar de todo lo que hemos pasado, sabemos que el amor siempre encuentra la manera de iluminar hasta los caminos más oscuros."

Los aplausos llenaron la sala, resonando como una ola de cariño y apoyo. La pareja se abrazó, rodeados por sus seres queridos, sabiendo que este era solo el comienzo de un nuevo capítulo en su historia. Habían compartido su pasado, y ahora, estaban listos para escribir su futuro juntos.

Con una sonrisa, Asier se inclinó hacia Adira y le susurró: "¿Estás lista para el siguiente capítulo de nuestra aventura?" Adira asintió, con lágrimas de felicidad en sus ojos, y respondió: "Siempre lo he estado, Asier. Siempre."

Esperanza, que estaba presente, se acercó e invitó a todos a ponerse de pie. En una ola de alegría, todos pidieron a los novios que continuaran con el relato que los había cautivado.

Los novios se sentaron y, por algunos momentos, permanecieron en silencio. La sala estaba tenuemente iluminada y aún sonaba el violín de fondo. Clair, una amiga de Adira y escritora, le susurró algo al oído, y ella asintió con la cabeza. Adira se puso de pie y dijo:

"Voy a contarles todo lo que vivimos en aquel lugar. Pero recuerden que no todo fue una experiencia de dolor; también fue una experiencia de crecimiento, donde aprendí que no fui la única que sufrió por aquel terremoto. Aprendí que después del dolor llega la sanación interna y, junto con ella, una clara visión de lo que puede ser nuestro próximo capítulo.

Les narraré desde el principio. Al fin y al cabo, tenemos siete días para celebrar esta boda". En ese instante Clair le paso un libro a Adira y ella lo abrió con lágrimas en los ojos y comenzó a leer...

CAPÍTULO 2
Lecciones de vida tras el Desastre

En ocasiones, la vida nos arrastra a través de tormentas que destruyen todo a su paso, dejándonos con la sensación de haber perdido el rumbo. Sin embargo, es en estos momentos de devastación cuando descubrimos la profundidad de nuestra fortaleza interior.

Este capítulo te lleva al corazón del caos, donde Adira y otros sobrevivientes del terremoto se enfrentan a una realidad desgarradora. A medida que reconstruyen sus vidas desde las cenizas, aprenderás junto a ellos que la resiliencia no es solo sobrevivir, sino la capacidad de transformar la destrucción en un nuevo comienzo, donde cada piedra derrumbada se convierte en el cimiento de una vida más fuerte y plena.

El Terremoto y la Mudanza

Adira, con apenas 11 años, había perdido todo en el terremoto que devastó su hogar y su comunidad. A pesar de su corta edad, la tragedia la obligó a madurar rápidamente. Menuda y delgada, con un rostro marcado por la tristeza, Adira enfrentaba un futuro incierto. Sus ojos grandes y oscuros reflejaban un dolor profundo y una determinación nacida del sufrimiento. Su cabello desordenado caía sobre sus hombros, un recordatorio constante del caos vivido.

El terremoto llegó sin previo aviso, en una noche que había comenzado como cualquier otra. La calma fue interrumpida por un estruendo que parecía emerger desde las entrañas de la tierra, como un rugido primitivo que presagiaba la destrucción. El suelo se sacudió con tal furia que parecía querer arrancar los edificios de sus cimientos, y las vibraciones eran tan intensas que Adira sintió que el mundo entero se desmoronaba bajo sus pies.

Los muros de su casa crujían con un sonido ominoso, una sinfonía de madera astillada y ladrillos quebrados que se mezclaba con los gritos agónicos del metal retorcido. Los objetos se precipitaron al suelo con una violencia que parecía querer arrasar con todo rastro de normalidad. Cada estante que se desplomaba y cada cuadro que caía al suelo era un recordatorio brutal de lo efímera que es nuestra estabilidad.

El polvo se alzó en una nube densa, oscureciendo el aire y mezclándose con el llanto de los heridos. Adira, aturdida y desorientada, apenas pudo discernir las sombras que se movían a su alrededor. Los gritos desesperados de un vecino y la súplica ahogada de una madre llamando a su hijo se entremezclaban con el retumbar de las estructuras en colapso, creando un coro de desolación.

Cuando Adira finalmente logró salir, el mundo exterior era un panorama de ruinas y caos. El vecindario que antes conocía y amaba se había transformado en un campo de escombros, donde las calles se habían agrietado y levantado en ondas distorsionadas. Cada paso era una lucha contra el terreno inestable, y el suelo parecía querer tragarse a quienes se atrevían a caminar sobre él.

Los gritos de auxilio y el llanto de los heridos resonaban como una melodía macabra, una sinfonía de desesperación que invadía cada rincón. La noche, que alguna vez había sido un refugio de paz, ahora se sentía como una vasta extensión de angustia y pavor. Cada sombra era testigo de una tragedia que desbordaba los límites de la comprensión.

El sabor amargo de la pérdida se colaba en la boca de Adira, un gusto de desesperanza y desolación. Solo aquellos que han sido sorprendidos por la desgracia en su forma más cruda pueden conocer la magnitud de este dolor, un dolor que se experimenta no solo en la pérdida tangible de lo que se tenía, sino en la abrumadora sensación de que el mundo, tal como lo conocían, se ha desmoronado en pedazos irrecuperables.

En medio del temblor, otras vidas también quedaron atrapadas en la vorágine de la destrucción. Velen, una madre soltera, salió de su casa tambaleándose, con el corazón latiéndole con fuerza inhumana. Sus pensamientos estaban centrados en su pequeña hija, que dormía en una habitación al final del pasillo. Con la casa tambaleándose a su alrededor y el eco de los gritos de auxilio, cada segundo se sentía como una eternidad.

Finalmente, con un grito de desesperación, Velen encontró a su hija bajo un marco de puerta caído, pero ya era tarde; la niña estaba sin vida. Aunque por un momento sintió alivio al encontrarla, este se desvaneció rápidamente al percatarse de la realidad. El peso de la destrucción parecía abrumador, y Velen quedó sin fuerzas para salir de la ola de caos que amenazaba con derrumbarlo todo. De no ser por una vecina que entró a su casa buscándola, Velen también habría quedado sepultada por el derrumbe.

A unas calles de distancia, Marco, un hombre de negocios de mediana edad, se encontraba en una cena con su amante. Su vida estaba envuelta en una mentira: su esposa lo esperaba en casa mientras él se entretenía con otra mujer. La noche, que comenzó con risas, se convirtió en una pesadilla cuando el suelo comenzó a vibrar y el restaurante se convirtió en un infierno de cristales rotos y mesas voladoras. Paralizado por la confusión, solo pensaba en cómo iba a enfrentar la verdad mientras el mundo se desmoronaba a su alrededor. La culpa y el arrepentimiento se mezclaban con el pánico, haciéndolo luchar por mantenerse en pie mientras intentaba ayudar a quienes lo rodeaban.

El corazón de Marco estaba dividido. Aunque se unió

a las personas que ayudaban, su mente no dejaba de pensar en su esposa e hijos. La incertidumbre lo atormentaba; no sabía si estaban siendo auxiliados o si habían logrado sobrevivir. Vivía en un edificio de tres niveles, y su hogar estaba en el segundo piso, por lo que sabía que, aunque los daños fueran mínimos, su hogar había sido severamente afectado.

Mientras tanto, su esposa Teresa experimentaba una angustia profunda. En medio del caos, se preocupaba por sus hijos y por el destino de su esposo. Aunque su intuición le susurraba verdades amargas, su preocupación principal era el bienestar de su familia. Atrapada entre la desesperación y la esperanza, Teresa se aferraba a la idea de que, en algún rincón de la devastación, su familia estuviera bien y que, de alguna manera, Marco lograra reunirse con ellos.

No muy lejos de allí, Ernesto, un hombre mayor con una hija gravemente enferma, estaba en camino al hospital cuando el terremoto golpeó con toda su furia. La ambulancia en la que viajaban fue lanzada de un lado a otro, y el conductor, con dificultad, trataba de mantener el control mientras el caos se desataba a su alrededor. Ernesto vio cómo el hospital al que se dirigían se derrumbaba a la distancia, y un grito de desesperación se escapó de sus labios mientras el pánico se apoderaba de él. La visión de su hija luchando por respirar, con la incertidumbre de si podría recibir la atención médica necesaria, se mezclaba con la angustia de ver el mundo desmoronarse ante sus ojos.

La situación se había vuelto desesperada. Ernesto sabía que el tiempo era un enemigo implacable: un trasplante de emergencia era la única esperanza para su hija, pero las horas se deslizaban sin piedad. En un giro de eventos desafortunados, los escombros bloquearon el acceso, y las posibilidades de salvarla se esfumaban con cada segundo que pasaba.

Consciente de la gravedad de la situación, la hija de Ernesto tomó su mano con una firmeza llena de amor y tristeza. "Padre, no te preocupes. Sé que estaré bien; cuida de mamá y de Juan, mi hermano. Te amo", le dijo, buscando consuelo en un momento de despedida inminente. Ernesto, con el corazón desgarrado y sabiendo que esta era su última despedida, trató de mantener la calma, aunque el dolor y la desesperanza lo envolvían. En ese instante, la ambulancia, que había sido su último rayo de esperanza, quedó atrapada en el caos del colapso. Los paramédicos, al entender la inutilidad de continuar, desistieron en su lucha contra los escombros.

Finalmente, el corazón de la hija de Ernesto se detuvo en los brazos de su padre, mientras el sonido lejano de sirenas y gritos se desvanecía en el entorno de ruinas. La ambulancia, ahora envuelta en el desastre, simbolizaba la lucha y el fracaso de una situación que nunca debió suceder.

En las calles, los accidentes de coche se volvieron una escena de pesadilla. Los vehículos, muchos de ellos aún con los motores rugiendo, chocaban entre sí en una danza caótica de metal retorcido y vidrios rotos. Algunos autos volcaron, quedando atrapados bajo otros vehículos, mientras otros quedaban envueltos en humo, con las luces intermitentes parpadeando en una advertencia desesperada. La carretera, que solía ser una línea de comunicación entre destinos, se transformó en un campo de escombros y ruinas.

Los edificios y hoteles, que alguna vez se erigieron como monumentos de progreso y estabilidad, caían como castillos de arena. Las estructuras de gran altura se inclinaban y crujían antes de derrumbarse en cascadas de concreto y acero. Los cristales de las ventanas explotaban hacia afuera, lanzando fragmentos afilados por doquier. Los hoteles, llenos de huéspedes que habían llegado a buscar una noche de descanso, se desplomaban con un estruendo que se escuchaba a kilómetros. Las habitaciones se convirtieron en tumbas improvisadas, atrapando a aquellos que intentaban refugiarse del temblor.

La escena era una mezcla caótica de gritos, polvo, escombros y una desesperanza palpable que envolvía a todos. La magnitud del desastre era tan abrumadora que parecía que el propio cielo había caído sobre la tierra. Cada vida afectada, cada historia interrumpida por el desastre, añadía una capa más a la tragedia compartida que se desplegaba ante sus ojos atónitos.

Consecuencias Inmediatas

La devastación era abrumadora. Los edificios más antiguos y frágiles fueron los primeros en caer, pero incluso las estructuras más modernas no escaparon indemnes. Las calles, que antes habían sido un lugar de juegos y risas, ahora estaban llenas de escombros, vehículos volcados y postes de luz caídos. La escuela de Adira, la tienda de la esquina donde compraba dulces y la plaza en donde jugaba con sus amigos, todo estaba destruido.

Adira, milagrosamente ilesa, se encontró sola, con apenas una pequeña bolsa de plástico que contenía sus escasas pertenencias. Su familia no había tenido la misma suerte; sus padres y su hermanito menor, Willy, quedaron atrapados bajo los escombros. La comunidad, una vez vibrante, ahora estaba reducida a ruinas y dolor. Los servicios básicos colapsaron: no había agua potable, electricidad ni atención médica disponible. Los heridos se acumulaban en las calles, y la ayuda externa tardaba en llegar. Ayuda que había llegado tarde para muchos que no tuvieron la suerte de sobrevivir.

Sentimientos de los Sobrevivientes

El impacto emocional en los sobrevivientes fue profundo. La pérdida, el miedo y la incertidumbre se mezclaban en un torbellino de sentimientos. La desesperación era palpable en cada rincón, mientras las personas buscaban entre los escombros cualquier señal de vida, cualquier pertenencia que pudieran salvar. Las noches eran las más difíciles, llenas de pesadillas y sollozos ahogados. Aunque los sobrevivientes habían sido instalados en una carpa móvil, nadie podía dormir; la constante repetición de la tragedia en sus mentes los mantenía en un estado de alerta y agotamiento.

Adira sentía una mezcla de tristeza y confusión. La ausencia de su familia era un vacío que no podía llenar. Miraba con ojos vacíos las ruinas de su hogar, intentando comprender cómo todo había cambiado tan rápidamente. Recordaba los suaves toques de su madre acariciando su cabello cada noche antes de dormir y los juegos con su padre los sábados por la tarde, un ritual que le llenaba de alegría. A pesar de sus esfuerzos por mantenerse fuerte, le era imposible imaginar su vida sin la sólida estructura y la cálida seguridad de su familia.

Lamber, conocido por su fortaleza, sentía una tristeza profunda. Conocía a casi todos en la comunidad y cada pérdida era un golpe personal. Se esforzaba por ser un pilar para los demás, ocultando su propio dolor detrás de una fachada de determinación, aunque por dentro, el peso de la responsabilidad lo aplastaba lentamente.

Abier se sentía abrumado por la responsabilidad de cuidar a su hermana menor, Edén. La pérdida de sus padres lo había obligado a crecer de golpe, y la presión de ser el único protector de Edén lo mantenía en un estado de tensión constante. Cada vez que la miraba, veía en sus ojos la misma tristeza y vulnerabilidad que él mismo trataba de esconder, y eso le rompía el corazón.

Edén, a pesar de su corta edad, entendía la magnitud de la tragedia. Su manera de lidiar con el dolor era a través del arte, dibujando imágenes que reflejaban tanto su tristeza como su esperanza. Sus dibujos, aunque simples, capturaban el caos y la desesperación que sentía, pero también contenían pequeñas luces de esperanza, como soles tímidos asomando entre las nubes oscuras.

Ramiro, sentía una mezcla de furia e impotencia. Quería reconstruir lo que se había perdido, pero sabía que el proceso sería largo y doloroso. Su habilidad para construir era su forma de contribuir, de crear algo positivo en medio del caos. Sin embargo, cada ladrillo que colocaba, cada clavo que martillaba, era también un intento de reconstruir su propio espíritu roto, algo que sabía que tomaría mucho más tiempo.

Sonia, como enfermera, se sumergió en su trabajo, atendiendo a los heridos y brindando consuelo. Sentía una mezcla de agotamiento y esperanza, sabiendo que su labor era crucial para la supervivencia de la comunidad. Pero cada vida que no lograba salvar, cada herida que no podía curar, le dejaba una marca en el alma, recordándole la fragilidad de la vida y el peso de la responsabilidad que llevaba sobre sus hombros.

Velen, que había perdido a su hija pequeña de un año, se encontraba atónita. Su dolor era tan profundo que apenas podía hablar, sus ojos secos de tanto llorar. Caminaba como un fantasma entre los escombros, buscando sin rumbo, sin saber qué hacer con el vacío inmenso que la invadía. Cada risa de un niño sobreviviente, cada pequeño que veía siendo rescatado, era un recordatorio cruel de lo que había perdido.

Asier, que había perdido a su madre, la única familia que le quedaba, se sentía completamente solo. Su padre había muerto en la guerra antes de que él naciera, y ahora, sin nadie más en el mundo, el futuro le parecía una extensión interminable de soledad. Sin embargo, en su dolor, encontraba una determinación fría de sobrevivir, no por sí mismo, sino para honrar la memoria de su madre. Cada día que pasaba, luchaba contra las lágrimas, tratando de aferrarse a la promesa que le había hecho de que siempre seguiría adelante.

Los sobrevivientes, aunque destrozados por dentro, intentaban encontrar fuerzas en los demás. La tragedia los había unido en su dolor compartido, creando un lazo indestructible entre ellos. Pero cada uno llevaba su propio peso, su propio dolor, y aunque se apoyaban mutuamente, sabían que la verdadera lucha estaba en su interior, en enfrentar el dolor y la desesperanza que amenazaban con consumirlos por completo.

Metáfora del Terremoto

El terremoto no fue solo un evento físico, sino una metáfora de la vida misma. Como la tierra temblando y quebrándose, a veces nuestras vidas son sacudidas por eventos inesperados que nos derrumban y nos dejan en ruinas. Pero, así como la tierra eventualmente se asienta, los corazones y espíritus de las personas también encuentran su equilibrio. La devastación del terremoto reflejaba las fracturas internas y emocionales de los sobrevivientes, pero también plantaba las semillas de una nueva fortaleza.

A través de la destrucción, se revelaron las capas más profundas de la resiliencia humana. Los escombros se convirtieron en un símbolo de los restos de sueños y esperanzas pasadas, pero también de la base sobre la cual se puede construir algo nuevo y fuerte.

Mudarse después del terremoto era más que encontrar un nuevo lugar para vivir; era un viaje hacia la reconstrucción de sí mismos, un proceso de sanar, aprender y, finalmente, florecer nuevamente.

En este nuevo capítulo de sus vidas, Adira y los otros sobrevivientes descubrieron que, aunque el suelo bajo sus pies había cambiado para siempre, su espíritu tenía la capacidad de adaptarse, crecer y encontrar nueva vida en medio del dolor y la pérdida, bajo la guía de Doña Vida.

CAPÍTULO 3

Sabiduría en la Aldea del Dolor

El dolor es una experiencia universal, pero pocos se atreven a enfrentarlo con la mirada firme. En la Aldea del Dolor, los personajes descubren que el sufrimiento, lejos de ser un infortunio, puede convertirse en el maestro más sabio que jamás hayan conocido.

Este capítulo te invita a un viaje profundo hacia tu interior, donde el dolor, encarado con valentía y honestidad, se convierte en el camino hacia la sanación y el crecimiento personal. A través de las historias de quienes habitan esta aldea, comprenderás que el dolor, cuando es aceptado, puede transformarse en la chispa que enciende la luz del conocimiento y la fuerza interior.

La Aldea del Dolor es más que un lugar físico; es un espacio espiritual y emocional donde los habitantes aprenden a convivir con sus heridas. Este capítulo explora cómo el dolor puede ser una fuente de sabiduría y transformación, una fuerza que, aunque temida, tiene el poder de renovar y revitalizar. Aquí, el dolor no es un enemigo, sino un compañero en el viaje hacia la redención personal. A medida que navegues por las historias y experiencias de aquellos que residen en esta aldea, descubrirás que la verdadera sanación no proviene de evitar el dolor, sino de abrazarlo, permitiendo que su enseñanza permee en lo más profundo de tu ser, revelando así una nueva fortaleza y claridad interior.

Doña Vida y Don Tiempo

En medio de la devastación apareció Doña Vida, una figura reverenciada por los habitantes. Aunque no estuvo presente durante el terremoto, llegó para recoger a los sobrevivientes. Su rostro, marcado por profundas arrugas, reflejaba años de experiencias dolorosas y una comprensión profunda de la vida. Con una mirada penetrante, parecía ver más allá de lo visible, comprendiendo las historias y destinos de quienes guiaba. Aunque su carácter reservado y serio la hacía parecer distante, su compasión se manifestaba en acciones silenciosas y efectivas.

Doña Vida tenía una visión clara y práctica del mundo post desastre. Para ella, la prioridad era la reconstrucción física y emocional de los sobrevivientes. Creía firmemente en la capacidad de cada persona para contribuir al renacimiento de la comunidad. La

Aldea del Dolor, en su visión, no era solo un lugar de sufrimiento, sino un espacio para enfrentar el dolor, sanar y encontrar una nueva dirección en la vida.

El Trabajo de Doña Vida

El trabajo de Doña Vida era esencial y multifacético. Se encargaba de recoger a los afectados y guiarlos hacia la Aldea del Dolor, proporcionándoles comida, refugio y una guía segura durante el viaje que debían emprender tras su terremoto personal. Su llegada era anunciada por la entrega de cartas abiertas, que simbolizaban una nueva identidad y un rol dentro de la comunidad. Este gesto, aunque sencillo, tenía un significado profundo: representaba la aceptación de cada sobreviviente y la promesa de un nuevo comienzo. Estas cartas eran entregadas por Doña Vida o por el Señor Don Tiempo.

Doña Vida coordinaba meticulosamente cada etapa del viaje hacia la Aldea del Dolor. Las paradas estaban estratégicamente planificadas para permitir el descanso, el aprovisionamiento y la incorporación de nuevos pasajeros. Durante estas paradas, distribuía alimentos y agua, asegurándose de que nadie pasara hambre o sed. Su organización inspiraba confianza entre los sobrevivientes, y cada parada traía un aire de reflexión, convirtiéndose en oportunidades para que los pasajeros comprendieran que no estaban solos en su dolor y encontraran un sentido de pertenencia en el grupo.

A pesar de su arduo trabajo, Doña Vida nunca obligaba a nadie a subir o bajar del autobús al llegar a la Aldea del Dolor. Cada sobreviviente era responsable de sí mismo, encargado de decidir si quería embarcarse en este viaje o permanecer en su dolor. Al llegar a la aldea, cada persona decidía si permanecer en el autobús o bajar para comenzar su proceso interior de cambio. Tras completar su proceso, también era responsable de avanzar hacia su recuperación y, un día, decidir abandonar la aldea para dirigirse a su futuro.

El Verdadero Significado de la Aldea del Dolor

Ser habitante de la Aldea del Dolor significaba mucho más que ocupar un espacio físico; era un estado profundo del ser, una condición del alma en la que cada persona debía confrontar sus emociones más profundas. En este lugar, el dolor no se evitaba ni se ocultaba, sino que se enfrentaba con valentía. Los habitantes estaban llamados a comprender sus emociones —la tristeza, la rabia, la desesperación, la culpa— de manera positiva y sin rechazo, reconociendo que eran esenciales para su proceso de sanación.

La Aldea del Dolor no era un destino final, sino un espacio transitorio donde los habitantes podían explorar su dolor sin vergüenza. Aquí, las cicatrices emocionales no necesitaban esconderse; la honestidad y la introspección eran fundamentales. Los habitantes aprendían a convivir con sus emociones, aceptándolas como partes legítimas de su experiencia, y encontraban fortaleza en la comunidad de otros que compartían sus luchas.

Vivir en la Aldea del Dolor implicaba una elección constante: permanecer en el dolor conocido o aventurarse hacia lo desconocido, hacia la posibilidad de sanar y crecer. No había muros que retuvieran a los habitantes, solo las barreras internas que cada uno debía superar. La comprensión y aceptación de todas las emociones que residían en la aldea eran claves para el crecimiento personal y la eventual decisión de seguir adelante.

Descripción de Don Tiempo

Don Tiempo es una figura misteriosa y poderosa, la personificación del paso inexorable del tiempo. Aunque su presencia es discreta, su influencia es profunda. Es un ser de pocas palabras, prefiriendo dejar que sus acciones y el fluir natural del tiempo hablen por él. Su apariencia es serena y sabia, con ojos que parecen haber visto innumerables vidas y eventos. Su rostro es una mezcla de juventud y vejez, como si el tiempo mismo se reflejara en él, con líneas suaves pero marcadas que cuentan historias de paciencia y perseverancia. Su cabello, de un color indeterminado entre gris y plata, cae en suaves ondas, añadiendo a su aspecto un aire de quietud.

Don Tiempo porta un bastón de madera de color marrón oscuro, que parece haber sido esculpido por el tiempo mismo. En la parte superior del bastón, se encuentra un reloj de oro incrustado, que no marca horas ni minutos, sino que simboliza la eternidad del tiempo. Este bastón no solo lo acompaña en su andar, sino que también representa su control sobre el flujo temporal, un objeto que, como él, trasciende las épocas. Don Tiempo viste de manera sencilla, con ropas que parecen haber perdurado a través de las épocas. Cada pliegue de su vestimenta sugiere una conexión con el pasado, el presente y el futuro, sin estar atado a ninguno en particular.

Su carácter es imperturbable, siempre manteniendo la calma incluso en las situaciones más caóticas. Don Tiempo entiende que todo en la vida tiene su momento, y su sabiduría radica en la paciencia, en saber esperar el tiempo adecuado para cada cosa. Aunque su rostro rara vez muestra emociones, hay una bondad y comprensión en su mirada que proporciona consuelo a quienes están a su alrededor.

Don Tiempo tiene la habilidad de hacer sentir su presencia sin imponerse. En su cercanía, uno puede percibir el peso y la ligereza del tiempo, la inevitabilidad del cambio y la posibilidad de renovación.

Su Rol en el Viaje

Su rol en el viaje es crucial; es quien asegura que todo avance a su ritmo natural, ayudando a las personas a procesar su dolor y a encontrar su camino con calma y reflexión. Su relación con Doña Vida es simbiótica; mientras ella guía activamente, él sostiene el viaje en su curso, asegurándose de que nada se apresure ni se demore más de lo necesario.

Descripción de Doña Vida

Doña Vida es una figura carismática y llena de energía vital, la personificación del impulso de vivir y de la fuerza que nos mueve hacia adelante. Es una presencia imponente, no por su tamaño o fuerza física, sino por la intensidad de su carácter y la profundidad de su mirada. Su rostro, aunque marcado por las arrugas de los años y las experiencias vividas, irradia una vitalidad que inspira a todos los que la rodean.

Doña Vida tiene una apariencia que combina fortaleza y calidez. Su cabello, abundante y de un tono oscuro con algunos hilos plateados, cae con gracia sobre sus hombros. Su piel, curtida por el tiempo y las adversidades, lleva las marcas de una vida bien vivida, llena de luchas y triunfos. Sus ojos, profundos y atentos, parecen capaces de ver más allá de la superficie, captando las verdaderas emociones y deseos de quienes la acompañan. Su vestimenta es práctica pero elegante, con colores terrosos que reflejan su conexión con la naturaleza y la vida en todas sus formas. Doña Vida se mueve con una confianza innata; cada paso que da es firme, como si estuviera siempre segura del camino que sigue, aun en medio de la incertidumbre.

El carácter de Doña Vida es una mezcla de compasión y determinación. Es alguien que no se deja abatir fácilmente por las dificultades; al contrario, las enfrenta con una resiliencia admirable. Su compasión se manifiesta en sus acciones más que en sus palabras. No es alguien que hable en exceso, pero cuando lo hace, sus palabras son profundas y cargadas de significado. Es capaz de brindar consuelo en los momentos más oscuros, infundiendo esperanza y valor a quienes han perdido el rumbo.

Doña Vida es, en muchos aspectos, la fuerza motriz de la Aldea del Dolor. Su visión clara y práctica le permite ver el potencial en cada persona, incluso cuando ellos mismos no pueden verlo. Cree firmemente en la capacidad de las personas para reconstruir sus vidas y encontrar un propósito, por lo que se dedica incansablemente a guiarlos hacia su propio renacimiento.

Evolución de su Relación

Al inicio de su colaboración, la relación entre Don Tiempo y Doña Vida era principalmente profesional. Sin embargo, a medida que avanzaban en su viaje juntos, comenzaron a desarrollar una comprensión más profunda de la importancia de su colaboración. No solo se complementaban, sino que sus roles se entrelazaban de maneras que no habían anticipado.

Un cambio significativo en su relación ocurrió durante una parada especialmente complicada. Una joven madre con dos hijos, profundamente angustiada, no dejaba de llorar. Don Tiempo intentó consolarla, pero sus palabras no fueron suficientes. Entonces, Doña Vida tomó la iniciativa, abrazando a la mujer con calidez y palabras de consuelo que, finalmente, lograron calmar su espíritu. Fue en ese momento cuando ambos comprendieron que, aunque sus métodos eran diferentes, su objetivo era el mismo: guiar a las personas hacia la sanación y el renacimiento.

CAPÍTULO 4

Reflexiones sobre el Viaje de la Vida

La vida es un viaje lleno de encrucijadas, donde cada uno de nosotros carga una mochila única de experiencias y recuerdos.

Estas mochilas, aunque invisibles a simple vista, pesan sobre nuestros hombros, recordándonos las decisiones que hemos tomado y los momentos que hemos vivido.

En este capítulo, te unirás a los pasajeros de un autobús que no solo avanza por la carretera, sino también por los paisajes del alma. A medida que explores las historias y las cargas de cada viajero, te verás reflejado en sus luchas y triunfos.

El autobús de las paradas extrañas

Todos subían al autobús rumbo a sus nuevas moradas. Este no era un viaje para el que alguien estuviera preparado. No era una excursión de colegiales ni unas vacaciones, sino un trayecto con Doña Vida como guía.

En la entrada del autobús, un hombre de mediana edad, con barba bien cuidada, vestido de gris y con un gorro de mago, recibía a los pasajeros y los ayudaba a colocar sus pertenencias en la parte trasera del autobús. Este hombre, atractivo y meticuloso, era Don Tiempo. Saludaba amablemente a todos los recién llegados y, cuando el autobús reanudaba el viaje hacia otra parada, repetía un pequeño discurso que todos escuchaban como si fuera la primera vez.

El discurso de Don tiempo

Me pongo de pie frente a ustedes, apoyando una mano en el respaldo del asiento de la conductora nuestra guía en este viaje. Siento cómo mi presencia, serena y profunda, se extiende por el autobús, deteniendo, por un momento, el curso del tiempo. Con un gesto suave, les invito a escucharme, y comienzo a hablarles, con palabras que resuenan como una melodía antigua y familiar.

"Bienvenidos, viajeros de lo inesperado. Hoy han subido a un autobús que no sigue las rutas conocidas, ni se dirige a destinos que puedan señalar en un mapa. Este no es un viaje planeado, sino uno que les ha sido otorgado, un trayecto que deben recorrer, sin importar lo que hayan dejado atrás.

Cada parada que haremos no es un lugar físico, sino un reflejo de lo que han perdido y de lo que están dispuestos a aceptar. No teman lo desconocido. En cada estación de este viaje encontrarán fragmentos de ustedes mismos, piezas de un pasado que aún resuenan en su presente.

Aquí, no importa la rapidez con la que lleguemos ni la distancia que recorramos. Este autobús no sigue el curso del tiempo como lo conocen. No hay relojes, porque aquí el tiempo se mide en sus latidos, en las decisiones que tomen, en las memorias que lleven consigo. Sé que cada uno de ustedes carga un equipaje invisible, lleno de recuerdos y emociones que darán forma a este viaje. Mi deber es recordarles que, aunque el pasado parezca lejano y el futuro incierto, el presente es el único lugar donde siempre estarán.

El destino al que nos dirigimos no es un lugar, sino un estado del ser. Las paradas que haremos son momentos para reflexionar, para entender lo que fue y aceptar lo que es. No se apresuren en buscar respuestas, pues yo, junto con Doña Vida, en nuestra infinita sabiduría, les enseñaremos que cada respuesta llegará cuando sea el momento indicado.

Les pido que se acomoden y se permitan vivir este trayecto con la mente abierta y el corazón dispuesto.

En este autobús, no hay prisa, solo el ritmo constante del tiempo que fluye con ustedes y para ustedes. Dejen que cada instante los transforme, que cada parada les revele su propósito, y recuerden: no están solos en este viaje. Todos aquí compartimos la misma travesía, aunque los caminos que nos trajeron hasta aquí sean diferentes.

Gracias por acompañarnos en este recorrido. Recuerden, cada instante es valioso, cada parada tiene su razón de ser, y cada uno de ustedes es parte de esta historia en constante escritura. Ahora, sigamos adelante, pues el tiempo avanza, y nosotros, sin darnos cuenta, avanzamos con él."

Con estas palabras, dejo que el silencio los envuelva, sabiendo que este viaje no es solo a través del espacio, sino también a través de las profundidades de sus propias vidas y emociones.

De esta manera, Don Tiempo dio por terminado su discurso, consciente de que no todos habían escuchado sus palabras con la atención que merecían. Sin embargo, él sabía que en cada parada volvería a repetir estas verdades, con la esperanza de que, aunque solo fuera por repetición, algo de su mensaje quedara grabado en el subconsciente de cada pasajero. Aceptaba con serenidad que no todos estaban preparados para comprender plenamente su mensaje en ese momento, pero confiaba en que, con el tiempo, esas palabras encontrarían su lugar en la mente y el corazón de quienes las necesitaban. Sabía que el entendimiento verdadero llega en su propio tiempo, y él, como guardián de ese tiempo, estaba dispuesto a esperar.

En el autobús no había risas ni alegría por el paisaje. Nadie se mostraba entusiasmado por vivir aquel triste escenario. Sin embargo, todos se sentían agradecidos de ser sobrevivientes. Había algo que unía a los pasajeros, quienes, sin saberlo, se dirigían a un destino desconocido, pero común: la pérdida de sus moradas. Ese sentimiento de pérdida y desesperanza era lo único que compartían.

El autobús

El autobús, por fuera, parecía un vehículo ordinario a primera vista, pero al observarlo más de cerca, se percibían detalles que lo hacían único. Su exterior tenía un acabado metálico con un tono grisáceo que reflejaba la luz de manera suave, casi como si quisiera pasar desapercibido.

La carrocería mostraba ligeros toques de desgaste, como si hubiera recorrido muchos kilómetros a través de diversas épocas y paisajes. Sin embargo, su diseño también incluía elementos que evocaban un estilo vintage, con ventanas grandes y redondeadas que permitían ver el interior sin revelar demasiado. En los laterales, había pequeñas inscripciones en idiomas desconocidos que parecían contar historias olvidadas. Las ruedas, robustas y bien mantenidas, sugerían que el autobús estaba listo para enfrentar cualquier terreno, por más desafiante que fuera.

Por dentro, el autobús era sorprendentemente más grande de lo que uno podría esperar. Los pasillos estaban bien iluminados con una luz cálida y suave, creando una atmósfera acogedora y tranquila. Cada pasajero tenía asignada una pequeña cabina privada equipada con una cama confortable, una mesa plegable y un espacio para guardar sus pertenencias.

Las cabinas estaban separadas por cortinas gruesas que ofrecían privacidad sin aislar completamente a los pasajeros. Las paredes de cada cabina estaban adornadas con dibujos y mensajes motivadores que Doña Vida dejaba como recordatorio de que el viaje, aunque incierto, tenía un propósito. Cada cabina tenía una pequeña pantalla que proyectaba paisajes tranquilos y mensajes serenos, ayudando a los pasajeros a relajarse durante el trayecto.

El diseño interior del autobús combinaba un estilo vintage con toques modernos; los asientos estaban tapizados en terciopelo de colores apagados, y el suelo estaba cubierto por una alfombra de tonos cálidos que amortiguaba el sonido de los pasos. En los techos, había detalles de madera labrada que le daban un toque nostálgico y elegante al espacio.

En la parte delantera, cerca del asiento de la conductora, había un área común donde los pasajeros podían reunirse si lo deseaban. Esta zona estaba decorada con fotografías en blanco y negro de paisajes remotos y personas en momentos de introspección, dando la impresión de ser un lugar para la reflexión y la conexión.

Esta zona estaba diseñada como los asientos de tren normales, y los pasajeros podían sentarse de dos en dos. En cada parada, el autobús adquiría una vida diferente, ajustándose a las necesidades y emociones de los pasajeros, reflejando así la complejidad y la riqueza de sus historias.

Las Mochilas

Cada pasajero llevaba una mochila que contenía su historia. Las mochilas, diferentes en tamaño y estilo, reflejaban la individualidad de cada uno. Algunas estaban desgastadas y llenas de parches, mientras que otras eran nuevas y robustas. No se entregaban a Don Tiempo, pero él las marcaba con un sello rojo o amarillo según la historia que contenían. Aunque nunca había visto sus pertenencias, Don Tiempo conocía todos los secretos que llevaban consigo. Poseía una visión aguda que le permitía percibir las cargas invisibles que los pasajeros arrastraban, discerniendo las profundidades de sus corazones y las sombras que ocultaban. No necesitaba ver los objetos materiales para entender el peso de las historias y emociones de cada viajero.

Con una sabiduría serena, Don Tiempo y Doña Vida guiaban a los pasajeros hacia sus destinos. En cada parada y cada kilómetro recorrido, influían silenciosamente en los encuentros y reflexiones del viaje. Así, el autobús se convertía en un escenario donde el tiempo y la vida desvelaban las verdades ocultas de cada viajero, ayudándoles a confrontar y comprender sus propias historias mientras se dirigían hacia un futuro incierto pero esperanzador.

Las mochilas eran pesadas, no por su contenido físico, sino por las historias y experiencias que representaban. Dentro de cada una había objetos personales significativos: fotos, cartas, libros y pequeñas pertenencias que narraban fragmentos de sus vidas. Algunos pasajeros miraban frecuentemente dentro de sus mochilas, buscando consuelo en los recuerdos, mientras que otros las evitaban, deseando dejar atrás el peso de su pasado.

Adira llevaba una mochila con parches coloridos que reflejaban su resiliencia y creatividad. Dentro, un diario de cuero, un collar de amatista y un frasco de arena simbolizaban su necesidad de expresión, su conexión con su madre y sus recuerdos felices.

Asier, con su pequeña mochila, llevaba un oso de peluche desgastado, dos fotos, una de su padre vestido de militar, muy arrugada y maltratada, y otra foto de su madre y él siendo un bebé, junto a un cuaderno de dibujos. Estos objetos representaban su inocencia y su forma de procesar el dolor.

Una mujer solitaria tenía un libro de poemas, un anillo de bodas y una bufanda tejida a mano en su mochila, simbolizando su dignidad, amor perdido y conexiones familiares.

Un anciano guardaba cartas de su esposa, un reloj de bolsillo y un pañuelo bordado, recuerdos de su amada esposa que representaban la memoria y el amor a través del tiempo.

Un adolescente rebelde llevaba una flauta, una foto de amigos y una chaqueta de cuero, simbolizando su identidad, su lucha interna y su forma de expresar emociones.

Una joven madre, con una mochila grande y desgastada, tenía juguetes, un álbum de fotos y una manta tejida a mano, reflejando su amor, sacrificio y conexión con su familia.

CAPÍTULO 5

Enfrentando las Sombras de la Desolación

A veces, el camino de la vida nos lleva a lugares oscuros donde las sombras parecen alargarse interminablemente.

En la Aldea del Dolor, los personajes se ven obligados a confrontar sus miedos más profundos y sus culpas más arraigadas.

Este capítulo te desafía a no huir de tus sombras, sino a caminar hacia ellas con determinación. A medida que los personajes descubren que solo enfrentando el dolor es posible superarlo, te inspirarás a hacer lo mismo en tu vida.

La Sombra de la Desolación

Después de varias paradas, llegamos a una posada a las afueras de la Aldea del Dolor. Antes de bajar del transporte, nos indicaron que lleváramos todas nuestras pertenencias con nosotros. Al descender, nos recibieron con una taza de chocolate caliente; una bienvenida acogedora, aunque teñida de un aire inusualmente sombrío.

La posada era un lugar extraño, cargado de una atmósfera que parecía disolver las memorias de quienes cruzaban su umbral. Los residentes se movían como sombras, figuras que habían olvidado no solo sus nombres, sino también las historias que los definían. El interior del edificio evocaba el frío funcionalismo de una lavandería industrial, con largos mostradores metálicos y una luz tenue que apenas lograba iluminar los rincones. En una pared dominaba una pantalla gigante, que proyectaba un video incesante sobre la aldea.

Las imágenes eran perturbadoras. Se veían figuras empujando carretillas desvencijadas que transportaban cadáveres envueltos en mantas sucias, mientras sus rostros permanecían inexpresivos, como si aquella tarea fuera cotidiana. En contraste, niños pequeños cargaban en sus espaldas a adultos, sus cuerpos doblados bajo un peso que claramente superaba sus fuerzas. A pesar de lo imposible de la escena, los niños avanzaban sin detenerse, con pasos pesados pero decididos.

En una parte del video, una rotonda azul destacaba en el centro de un paisaje gris. Camiones enormes daban vueltas alrededor de ella sin detenerse, mientras una multitud de personas la mayoría hombre estaban detrás del camión como si no se dieran cuenta de que no estaban llegando a ningún sitio.

Las cuevas también aparecían con frecuencia. Sus entradas eran simples agujeros oscuros, sin puertas ni ventanas, y al cruzar el umbral, todo parecía desprovisto de lógica. En algunas, se veían personas colgando inmóviles de los faroles que iluminaban tenuemente el interior, como si fueran marionetas suspendidas por hilos invisibles. Las sombras proyectadas por las luces parpadeantes hacían que sus cuerpos se retorcieran lentamente, aunque nadie les prestaba atención. En otras cuevas, los espacios eran absurdamente vacíos, amplios y cavernosos, como si existieran solo para enfatizar un vacío insostenible.

Todo lo que se veía en el video desafiaba la lógica y la percepción. Era como si cada escena existiera en un espacio entre lo real y lo imposible, alimentando la sensación de que lo que se observaba no podía, no debía, ser cierto. Y, sin embargo, la pantalla seguía mostrando aquellos paisajes inquietantes, mientras los residentes de la posada lo miraban con resignación o un miedo contenido, como si entender esas imágenes fuese tan aterrador como ignorarlas.

El video detallaba cómo sería la vida en la Aldea del Dolor, presentando a sus líderes y estableciendo las reglas para los nuevos residentes. Se veía al alcalde, el Señor Dolor, y a su esposa, Tristeza, dando una bienvenida solemne que transmitía un aire de inevitable desolación.

Los mostradores de la posada estaban llenos de dispositivos extraños y tubos de metal que transportaban las pertenencias de los viajeros. Una máquina automatizada inspeccionaba cada objeto antes de sumergirlo en un líquido azul que transformaba su color en una mezcla uniforme de rojo y azul. Luego, los artículos se empaquetaban en bolsas grises con un nombre inscrito en cada una.

Había un mostrador especial para las mochilas, donde un anciano sin nombre, con una sonrisa mecánica, las recibía y procesaba de manera sistemática. El ambiente era de una eficiencia fría y despersonalizada.

La sala de estar contaba con asientos reclinables personalizados, donde los pasajeros podían descansar mientras escuchaban canciones tristes en un idioma incomprensible. Las melodías melancólicas resonaban con el dolor que impregnaba la posada.

Los ancianos que servían el chocolate caliente vestían uniformes grises con números identificativos. Aunque sonreían constantemente, no pronunciaban palabra alguna, realizando sus tareas con una precisión casi automática. A pesar de su cortesía superficial, no había lugar para la conversación o el intercambio personal en aquel lugar.

De vez en cuando, se escuchaba el discurso de bienvenida del alcalde, el Señor Dolor, y su esposa, Tristeza. Este discurso, más que una bienvenida, parecía preparar a los nuevos residentes para el destino que les aguardaba en la aldea. Presentaban a las figuras que regían la aldea y los principios que dictaban sus leyes. El discurso se escuchaba un poco distorsionado, con palabras entrecortadas como si la comunicación se interrumpiera.

El Señor Dolor, un hombre de mediana edad con semblante severo y ojos fríos, imponía respeto y temor. Su voz autoritaria resonaba con advertencias y reglas estrictas, marcando su autoridad en la aldea. Su esposa, Tristeza, era una mujer de apariencia delicada, con ojos perpetuamente húmedos y una sonrisa triste que nunca se desvanecía. Su presencia añadía un matiz de melancolía a la bienvenida, como si su propia existencia estuviera marcada por el dolor que representaba.

Discurso del Señor Dolor

Damas... y caballeros... bienvenidos... a la Aldea... del Crepúsculo... donde los sueños... se disuelven... y las realidades... se entrelazan... con la penumbra... de la existencia... Soy... el Señor Dolor... y junto a mi... amada esposa... Tristeza... les damos... la bienvenida... a este refugio... de sombras... donde el consuelo... es un mito... y la resignación... la única ley...

Aquí... cada paso... será guiado... por las sombras... de sus propios miedos... cada... aliento... será un recordatorio... de la fragilidad... de la esperanza... No busquen... alivio... en estas tierras... porque no... encontrarán más... que el eco... de sus propios... lamentos... Mis palabras... serán su guía... mi voz... la ley... Recuerden... en esta aldea...

no hay lugar... para la rebelión... ni para... la luz... Sus lágrimas... serán su único... consuelo... su dolor... su más fiel... compañero...

En ese instante, el Señor Dolor hizo un gesto hacia el piano, donde su esposa, Tristeza, se sentó con una gracia sombría. Sin decir una palabra, sus dedos comenzaron a deslizarse sobre las teclas, y una melodía lenta y melancólica empezó a llenar la sala. Las notas, delicadas y cargadas de emoción, parecían penetrar directamente en el alma de los presentes.

Mientras la música se desplegaba, algo cambió en el aire. Las palabras del Señor Dolor, que aún resonaban en sus mentes, comenzaron a mezclarse con la melodía, dando lugar a una sensación profunda y abrumadora. Era como si cada nota arrancara un pedazo de sus corazones, haciendo que los muros que cada uno había construido para protegerse se desmoronaran.

Uno a uno, comenzaron a llorar. Lágrimas silenciosas rodaban por sus mejillas, sus cuerpos temblaban con la fuerza de una tristeza que no podían contener. No era solo la música... era lo que evocaba, lo que despertaba en lo más profundo de sus almas. Cada lágrima que caía parecía responder a una nota del piano, cada sollozo se unía al ritmo de aquella melodía que, sin palabras, les hablaba del dolor que compartían.

—¿Por qué... duele tanto? — susurró una mujer, tratando de ahogar sus lágrimas.

—Es como... si tocara... mi propio sufrimiento— respondió un hombre, su voz quebrada por la emoción.

—No puedo... detenerme...— añadió alguien más, entre sollozos. —Es como si... como si ella supiera... exactamente... lo que siento...

Tristeza continuaba tocando, sin levantar la mirada, sus ojos fijos en las teclas, mientras su música hacía que cada uno de los presentes se rindiera ante la marea de emociones que los asaltaba. Cuando la última nota se desvaneció en el aire, lo único que quedó fue el sonido de sus propios sollozos, resonando en la sala vacía de palabras, pero llena de una tristeza compartida, que los unía en su dolor.

Nadie se atrevió a romper el silencio que siguió, pues todos sabían que lo que habían sentido en ese momento, lo que habían escuchado en esa melodía, era algo que no se podía explicar, solo experimentar. Y así, mientras el eco de la última nota aún flotaba en el aire, la Aldea del Crepúsculo los recibió, envueltos en una tristeza tan profunda como el abismo que había comenzado a crecer en sus corazones.

Los Líderes de la Aldea

Después de la casi fúnebre melodía, algunos líderes de la aldea pasaron al frente y hablaron sobre su papel en ese lúgubre lugar.

La Señora Culpa fue la primera en hablar. Era una mujer mayor, encorvada por el peso de sus propias cargas. Su semblante siempre preocupado y su actitud sumisa reflejaban una vida de constantes disculpas y temores, como si estuviera eternamente arrepentida por algo que no podía remediar. Su tarea en la aldea consistía en mantener vivos los remordimientos de los residentes, recordándoles constantemente los errores de su pasado y la imposibilidad de enmendarlos.

El Señor Miedo, un hombre delgado y nervioso, parecía estar en perpetua búsqueda de amenazas invisibles. Su tarea en la aldea era infundir precaución, vigilando que cada residente estuviera siempre consciente del peligro acechante. Bajo su supervisión, las sombras se convertían en amenazas tangibles, y los susurros en advertencias inquietantes.

La Señorita Envidia era una joven de mirada aguda y sonrisa torcida, cuya presencia emanaba una mezcla de sospecha y una alegría superficial que contrastaba con el ambiente sombrío. Siempre observaba a los demás con un aire de vigilancia, su expresión revelando una satisfacción malsana ante las desgracias ajenas. En la aldea, su función era mantener la desconfianza y el descontento, asegurándose de que nadie estuviera satisfecho con lo que tenía.

La Señorita Angustia apareció entonces, con gestos ansiosos y una mirada perdida, que sugería un estado de constante agitación. Ella era responsable de mantener la atmósfera de tensión emocional en la aldea, alimentando el nerviosismo y la desesperanza de los residentes, sumergiéndolos en una sensación de inminente catástrofe.

Cada uno de estos personajes contribuía al ambiente opresivo de la Aldea del Dolor, preparando a los nuevos residentes para una existencia marcada por el sufrimiento y la resignación. La bienvenida que recibíamos en la posada, aunque cálida en apariencia, era un preludio a la dura realidad que nos esperaba.

El Comienzo de la Prueba

A medida que la tarde se desvanecía en la posada, un extraño silencio se apoderaba del lugar. Las canciones tristes seguían resonando en un idioma incomprensible, y las luces tenues creaban sombras largas que danzaban a lo largo de las paredes. Los visitantes, ahora acomodados en los asientos reclinables, absorbían el ambiente melancólico con una mezcla de resignación y desconcierto.

Las charlas entre nosotros eran escasas. Cada uno estaba sumido en sus propios pensamientos, inquietos por lo que nos aguardaba en la Aldea del Dolor. Mientras mirábamos la pantalla gigante, el video continuaba mostrando el mismo desfile interminable de personas solitarias y desoladas, una advertencia constante de la realidad que se aproximaba.

La noche llegó lentamente, y el frío penetrante de la posada hacía que las paredes parecieran aún más opresivas. A medida que los visitantes comenzaban a retirarse a sus habitaciones, el ambiente se volvía aún más silencioso, salvo por el incesante murmullo de las canciones tristes.

En nuestras habitaciones, las camas eran duras y las sábanas de un gris lóbrego, alineadas en un orden impersonal que reflejaba la atmósfera del lugar. No había decoraciones ni colores cálidos que ofrecieran consuelo. Todo estaba diseñado para mantener a los visitantes en un estado de somnolencia emocional, preparándolos para lo que vendría.

Intentábamos descansar, pero la ansiedad y la expectativa sobre la aldea nos mantenían en vela. Los susurros sobre los líderes y las reglas flotaban en el aire como un eco inquietante. Nos preguntábamos qué aspectos de nuestras vidas serían sometidos al crudo escrutinio de los líderes de la aldea.

El Camino Hacia la Aldea

A la mañana siguiente, el proceso de preparación continuó con la misma frialdad y eficiencia. Los ancianos sin nombre nos ofrecieron más chocolate caliente, que sabíamos estaba diseñado para preparar nuestro ánimo, aunque su sabor seguía siendo una mezcla confusa de dulzura y amargura.

Finalmente, llegó el momento de partir. Nos reunimos en el vestíbulo, donde una pantalla mostraba un mapa de la aldea con rutas y puntos de interés destacados. El mapa no ofrecía un camino claro hacia la salida, sino que parecía un laberinto de calles interminables y sin nombre.

El anciano que había recibido nuestras mochilas nos despidió con su sonrisa fija, y el mismo silencio ensordecedor que había envuelto la posada nos acompañó mientras salíamos al exterior. El aire fresco del exterior estaba cargado de una sensación ominosa que presagiaba el inicio de nuestra prueba.

A medida que avanzábamos hacia la aldea, el paisaje se volvía cada vez más sombrío. Los árboles a los lados del sendero estaban desnudos, y sus ramas parecían manos esqueléticas extendiéndose hacia nosotros. La desolación era palpable, y el ambiente parecía estar impregnado de una tristeza profunda y constante.

Las primeras imágenes de la aldea comenzaron a aparecer a lo lejos: edificios altos y desmoronados, calles cubiertas de polvo y escombros, y una atmósfera atrapada en un eterno atardecer. En la entrada de la aldea, se erguían dos figuras solemnes: el Señor Dolor y su esposa Tristeza, esperándonos con una calma inquietante.

De inmediato, Doña Vida detuvo el autobús, y Don Tiempo nos informó, con un golpe firme de su bastón en el suelo del vehículo, que era el momento de descender. Todos tragamos en seco mientras se nos indicaba que solo debíamos bajar con nuestras mochilas. El autobús se estacionó, y comenzamos a descender frente a un edificio tenuemente iluminado. A lo lejos, podíamos distinguir las figuras de todos los líderes de la aldea, observándonos en silencio.

El momento de enfrentar la realidad de la Aldea del Dolor había llegado. Mientras nos aproximábamos a ellos, cada paso parecía llevarnos más profundamente hacia el núcleo de nuestra propia desolación. El silencio que nos rodeaba era casi tan abrumador como las promesas de sufrimiento que habíamos escuchado.

El Encuentro con los Líderes

El Señor Dolor y su esposa Tristeza nos recibieron con una frialdad inmutable. El alcalde, con su semblante severo y mirada fría, dio un paso adelante. Su presencia imponía respeto y temor. Su voz resonó con una gravedad que dejaba claro que no había lugar para desobediencia o evasión.

—Bienvenidos a la Aldea del Dolor —comenzó el Señor Dolor—. Este es el lugar donde enfrentarán sus pruebas más profundas. Aquí, el dolor se manifiesta en cada rincón y en cada experiencia. Prepárense para lo que está por venir.

Tristeza se inclinó levemente hacia adelante, sus ojos brillando con una tristeza que parecía emanar desde lo más profundo de su ser.

—Cada uno de ustedes llevará consigo su propio peso —dijo con un susurro casi imperceptible—. Aquí, aprenderán a cargarlo y, quizás, a encontrar alguna forma de reconciliación con él.

Nos dirigieron hacia un edificio grande y oscuro que se erguía en el centro de la aldea. A medida que nos acercábamos, notamos que estaba adornado con banderas grises que ondeaban lentamente en el viento, como si también ellas compartieran el desánimo del lugar. La entrada estaba flanqueada por dos columnas altas y desgastadas, que parecían llevar el peso de siglos de tristeza.

Una vez dentro, nos condujeron a un gran salón con techos altos y paredes decoradas con retratos sombríos de figuras en penumbra. En el centro del salón, había un estrado donde el Señor Dolor y sus colaboradores se sentaron, listos para impartir las primeras instrucciones a los nuevos residentes.

El salón se llenó de un murmullo bajo mientras todos los que habíamos bajado del autobús, los nuevos residentes de la aldea, nos reuníamos alrededor de una mesa redonda gigante. Los demás líderes, que habían llegado junto al alcalde, el Señor Dolor, también tomaron asiento. Sus rostros, marcados por la experiencia y la resignación, nos observaban con miradas que mezclaban curiosidad y desdén, como si juzgaran nuestras esperanzas y miedos desde una perspectiva distante y desapasionada.

La Señorita Envidia se adelantó al estrado. Su mirada afilada y su sonrisa torcida nos inspeccionaban con un interés poco disimulado. A su lado, la Señora Culpa parecía distraída, murmurando disculpas en un tono que apenas alcanzaba nuestros oídos. El Señor Miedo, con su expresión nerviosa, hizo un movimiento inquieto en su asiento, como si estuviera en constante alerta ante cualquier posible amenaza. La Señorita Angustia, con sus gestos ansiosos y su mirada perdida, parecía estar en un estado de constante agitación.

El Señor Miedo tomó la palabra frente a una pequeña pantalla que había sido previamente preparada. En ella, aparecían imágenes similares a las que habíamos visto en la posada anterior.

El discurso continuó con una serie de advertencias sobre las reglas estrictas de la aldea. Nos informaron que cada uno de nosotros sería asignado a un "sector de dolor" donde enfrentaríamos nuestras pruebas personales. Estas pruebas estaban diseñadas para explorar las profundidades de nuestro sufrimiento, enfrentándonos a nuestros miedos más oscuros y a las emociones más profundas que habíamos tratado de evitar.

Los sectores de dolor estaban divididos en varias áreas temáticas, cada una supervisada por un líder específico. La Señora Culpa gestionaría los espacios destinados a la culpa y el arrepentimiento; la Señorita Envidia se encargaría de las áreas donde el descontento y los celos se manifestaban; el Señor Miedo supervisaría las zonas de terror y ansiedad, mientras que la Señorita Angustia y el Señor Dolor gestionarían las áreas dedicadas a la angustia y el sufrimiento extremo.

Cada uno de nosotros fue asignado a un sector específico, y mientras escuchábamos nuestras asignaciones, una sensación de inevitabilidad se apoderó de nosotros. Aceptar nuestras tareas en la Aldea del Dolor era un primer paso hacia un enfrentamiento personal que prometía ser largo y arduo.

Con nuestras tareas establecidas, la reunión se dio por terminada y se nos informó que seríamos guiados a nuestras respectivas secciones. Nos dirigieron a las afueras del edificio, envueltos en una mezcla de ansiedad y resignación. Las calles de la aldea, desiertas y grises, se extendían frente a nosotros como un interminable camino de introspección y prueba.

La Esperanza en la Oscuridad

Pero incluso en medio de la oscuridad que nos rodeaba, una pequeña chispa de esperanza persistía. Tal vez, en este doloroso viaje, encontraríamos no solo la reconciliación con nuestro sufrimiento, sino también la fuerza para superarlo.

Aunque la desolación parecía ineludible, el espíritu humano siempre ha demostrado una asombrosa capacidad de resistencia. En esa capacidad residía la esperanza de que, al final del camino, pudiéramos emerger más fuertes, habiendo encontrado en nosotros mismos la luz para iluminar incluso los rincones más oscuros.

El verdadero viaje a través de la Aldea del Dolor había comenzado, y no había vuelta atrás. Lo que no sabíamos era que debíamos regresar al autobús, ya que aún nos aguardaba un largo trayecto de días para llegar a nuestro destino. Estas paradas no eran más que la antesala de nuestra llegada a la Aldea del Dolor.

Sin intercambiar palabra alguna, todos nos dirigimos en fila hacia nuestras cabinas asignadas, mientras los líderes se retiraban a sus aposentos en el edificio moderno que, al principio, habíamos pensado sería nuestro nuevo hogar.

CAPÍTULO 6

El Poder de la Aceptación y la Comunidad

Este capítulo nos invita a explorar un viaje único y transformador: no hacia un lugar físico, sino hacia lo más profundo de nuestra propia esencia. En un entorno cargado de simbolismo y emociones vivas, los personajes se enfrentan al desafío de cruzar límites que revelan sus miedos más ocultos y sus luchas internas.

Aquí, la incertidumbre y la conexión se entrelazan, mostrando cómo aceptar nuestras emociones más complejas y conectar con otros para poder abrir puertas hacia la comprensión y la paz. A través de un escenario lleno de misterio, los protagonistas enfrentan el reto de abrazar su vulnerabilidad y encontrar fuerza en su humanidad compartida.

Sumérgete en estas páginas para caminar junto a ellos, cruzar puentes simbólicos y descubrir cómo el poder de la aceptación puede cambiar no solo cómo nos vemos a nosotros mismos, sino también cómo nos relacionamos con el mundo que nos rodea.

La frontera de las Emociones Ocultas

El autobús avanzaba lentamente por el escabroso camino de montaña, rodeado de un paisaje que parecía volverse más desierto a medida que nos acercábamos a nuestro destino.

Los pasajeros, un grupo diverso de personas, mostraban en sus rostros una mezcla de ansiedad y expectativa. Algunos miraban por las ventanas, tratando de asimilar el paisaje que se extendía ante ellos, mientras otros mantenían la vista fija en el suelo, sumergidos en sus propios pensamientos.

El ambiente dentro del autobús estaba cargado de una tensión palpable, como si todos supieran que algo significativo estaba a punto de suceder.

A medida que el autobús se aproximaba a la aldea, la vegetación se volvía más densa y el camino más estrecho y empinado. De repente, en la distancia, vislumbramos un grupo de personas al borde del camino, sosteniendo una pancarta que decía: "Bienvenidos... al lugar donde tus emociones te encontrarán". Este mensaje, a la vez ominoso y provocativo, escrito con letras grandes y negras, provocó una oleada de murmullos entre los pasajeros. Algunos se removieron incómodos en sus asientos, mientras otros intercambiaban miradas de desconcierto. El aire dentro del autobús se volvió aún más denso, cargado de preguntas sin respuesta y un creciente sentimiento de inquietud.

El Descenso del Autobús

El autobús finalmente se detuvo en un claro, un espacio abierto en medio del bosque, lejos de cualquier señal visible de la aldea. Doña Vida, la conductora, una mujer de expresión seria y ojos penetrantes, anunció que debíamos continuar a pie desde allí. Como si la vida misma nos hubiera guiado hasta este punto, todos entendimos que habíamos llegado al lugar de nuestro destino.

Descendimos del autobús, sintiéndonos desorientados y un poco nerviosos al encontrar nuestros pies sobre el suelo firme después del largo viaje. El aire fresco de la montaña, con su aroma a tierra húmeda y pino, fue un cambio bienvenido, pero al mismo tiempo, estaba impregnado de una sensación de misterio y anticipación.

El grupo de pasajeros se reunió en silencio, mirándonos unos a otros en busca de un indicio de lo que vendría a continuación.

Las caras que se habían vuelto familiares durante el viaje ahora parecían reflejar la misma mezcla de incertidumbre y temor que todos sentíamos. Aunque el paisaje a nuestro alrededor era de una belleza salvaje, con altos árboles que se mecían suavemente con la brisa, no podíamos escapar de la inquietud que nos había acompañado desde que leímos aquella pancarta.

La Llegada de las Emociones

Antes de que pudiéramos decidir qué hacer, una serie de figuras emergió de entre los árboles, acercándose lentamente hacia nosotros. Eran las emociones, personificadas en formas humanas, cada una representando un aspecto diferente de nuestra alma. Al frente estaba Angustia, la hermana mayor del alcalde, cuya presencia imponía respeto y temor al mismo tiempo. Con ella, venían otras emociones: Miedo, con su postura encorvada y mirada perdida; Apego, cuyos brazos extendidos parecían buscar algo o alguien a quien aferrarse; y Vergüenza, que mantenía la cabeza gacha, como si evitara nuestra mirada.

Cada emoción llevaba consigo un objeto simbólico. Angustia sostenía unos ramos de huesos secos que crujían ligeramente al moverse con el viento, Miedo llevaba una cadena oxidada que arrastraba por el suelo, Apego sujetaba un viejo peluche deshilachado, y Vergüenza cubría su rostro con un velo gris roto.

Nos recibieron en silencio, y en ese momento entendimos que no solo habíamos llegado a un lugar físico, sino a un estado mental donde nuestras emociones más profundas cobrarían vida.

Angustia, con una voz suave pero firme, nos indicó que la siguiéramos hacia una pequeña cabaña construida enteramente de hojas secas, que se encontraba a pocos metros del puente colgante que debíamos cruzar.

El Puente Colgante que Teníamos que Cruzar

Frente a nosotros se extendía un puente colgante, una estructura rústica que parecía ser la única vía de acceso a la aldea. El puente, de unos cuatro metros y medio de longitud, se balanceaba ligeramente con el viento, como si estuviera vivo, respirando con el entorno. Las maderas que lo formaban eran viejas y estaban gastadas por el tiempo; algunas tablas mostraban signos evidentes de deterioro, y cada paso que dábamos producía un crujido que resonaba en el silencio de la montaña. Las cuerdas, gruesas y cubiertas de moho en ciertos puntos, parecían haber soportado innumerables cruces a lo largo de los años, tensas como nervios en tensión, parecían querer contarnos innumerables historias.

Debajo del puente, un río cristalino serpenteaba con aguas rápidas y frescas, reflejando el cielo gris y los árboles que bordeaban sus orillas. El agua fluía con un murmullo constante, un sonido que parecía susurrar secretos antiguos que nunca podríamos entender del todo.

A través de la superficie del agua, se podían ver piedras pulidas por el tiempo y pequeños peces que nadaban con agilidad, ajenos a la inquietud que se cernía sobre nosotros. Las orillas del río estaban cubiertas de vegetación exuberante, con plantas y flores silvestres que añadían un toque de color vibrante al paisaje.

El contraste entre la serenidad del río y la incertidumbre que sentíamos al cruzar el puente era casi surrealista, intensificando la sensación de que estábamos dejando atrás el mundo que conocíamos para adentrarnos en un lugar completamente diferente.

Después de cruzar aquel primer reto, para muchos de nosotros, el puente parecía un obstáculo que exigía nuestra total atención, como si quisiera que olvidáramos las preocupaciones silenciosas en nuestro ser interior que nos atormentaban.

Aquel puente, viejo y deteriorado, no solo desafiaba nuestra valentía, sino que también nos obligaba a enfrentarnos a nuestros miedos más profundos. Cada paso que dábamos sobre las tablas crujientes, desgastadas por el tiempo, nos hacía sentir la inminencia de un peligro real, una amenaza tangible de caer en el abismo que se extendía debajo, oscuro e implacable.

Por unos instantes, el pavor de cruzar aquel puente desvencijado superó cualquier angustia interna que pudiéramos haber sentido antes. El viento silbaba entre las vigas corroídas, y el eco de nuestros pasos resonaba como un tambor, amplificando el temor que se apoderaba de nuestras mentes. Sabíamos que un paso en falso podría significar el fin, una caída mortal que acabaría con nuestras vidas en un abrir y cerrar de ojos.

Cada uno de nosotros, con el corazón latiendo desbocado, avanzaba con cautela, como si aquellos escasos cuatro metros y medio se hubieran transformado en un trayecto eterno, donde el tiempo se detenía y cada segundo parecía durar una eternidad.

La adrenalina corría por nuestras venas, agudizando nuestros sentidos, haciéndonos conscientes de cada sonido, cada movimiento, cada crujido bajo nuestros pies. El miedo a caer, a no llegar al otro lado, nos envolvía en una oscuridad que amenazaba con consumirnos, pero también nos obligaba a seguir adelante, a poner un pie delante del otro, a pesar del terror que nos atenazaba.

Y así, en ese breve pero interminable trayecto, muchos de nosotros olvidamos, aunque solo fuera por un momento, el verdadero origen de nuestra angustia interior. Nos convertimos en seres que solo existían en función de la siguiente tabla que debíamos pisar, en función de superar el peligro inmediato que nos acechaba. Aquel puente, con su apariencia ruinosa y su estructura tambaleante, se convirtió en un espejo de nuestros propios miedos, reflejando no solo el temor a caer, sino también las luchas internas que, hasta ese momento, habíamos intentado ignorar.

El Recibimiento por las Emociones

Al llegar al otro lado del puente, las emociones nos esperaban en silencio. Angustia, la líder indiscutible de este grupo, se encontraba al frente, sosteniendo sus ramos de huesos secos. Junto a ella, Miedo, Apego y Vergüenza mantenían una formación silenciosa pero imponente, cada uno con su símbolo en mano.

Angustia nos observó detenidamente, como si escrutara nuestras almas en busca de algo más allá de lo visible. No necesitaba hablar mucho para imponer su autoridad; su mera presencia era suficiente para hacernos sentir pequeños e insignificantes.

Vestida con ropas largas y oscuras, que ondeaban ligeramente con la brisa, Angustia parecía una figura salida de una pesadilla. Su cabello gris, largo y desordenado, caía en cascada sobre sus hombros, acentuando su apariencia imponente. Cuando habló, su voz era suave pero firme, cargada de una autoridad inquebrantable. Nos indicó que la siguiéramos hacia una pequeña cabaña construida enteramente de hojas secas, que se encontraba a pocos metros del puente.

La cabaña, aunque simple, tenía un aire de misticismo y extrañeza que encajaba perfectamente con la atmósfera inquietante del lugar. Las hojas bajo nuestros pies crujían con cada paso, añadiendo una capa más al ambiente ya cargado de tensión.

La Cabaña

Dentro de la cabaña, el ambiente era casi opresivo. Nos ofrecieron una bebida de chocolate frío, que, aunque refrescante, no logró aliviar la sensación de inquietud que se había apoderado de nosotros. La cabaña estaba iluminada tenuemente por velas colocadas en pequeños altares de piedra; sus llamas parpadeaban creando sombras danzantes en las paredes de hojas, que parecían moverse con vida propia. El aire dentro de la cabaña era pesado, impregnado del aroma a cera de vela y el sutil olor a humedad de las hojas secas.

Poco a poco, comenzaron a llegar los representantes de la aldea. Cada uno de ellos tenía una expresión de solemne orgullo, y nos miraban con una mezcla de curiosidad y expectativa. Sus miradas parecían escudriñarnos, como si intentaran descifrar quiénes éramos y qué papel jugaríamos en la aldea.

Aunque nos ofrecieron hospitalidad, la atmósfera estaba cargada de una tensión sutil pero constante, que nos impedía relajarnos por completo. Había algo en su comportamiento, en la forma en que se movían y hablaban, que nos hacía sentir como si estuviéramos siendo evaluados, como si fuéramos parte de un ritual del que aún no conocíamos las reglas.

La Sorpresa de los Niños

De repente, de entre las sombras de la cabaña, emergió una procesión de niños. Lo que más nos sorprendió fue la desconcertante disparidad entre sus caras y sus cuerpos. Sus rostros eran de bebés, inocentes y puros, con ojos grandes y oscuros que parecían mirar a través de nosotros. Sin embargo, sus cuerpos eran robustos y musculosos, como los de hombres atléticos, lo que creaba una imagen extraña y perturbadora. Su aparición nos dejó atónitos, incapaces de comprender lo que estábamos viendo.

Estos niños, según nos dijeron, eran los hijos de Apego y Vergüenza, dos figuras cuyas identidades permanecían envueltas en el misterio. No hablaban, solo emitían pequeños sonidos de llanto, suaves y melancólicos, que resonaban en el aire como un eco lejano. Estos lamentos, aunque apenas audibles, tenían un efecto inquietante, intensificando la atmósfera surrealista que nos rodeaba. Con sus pequeñas manos, nos señalaban el camino hacia nuestro nuevo hogar, como si supieran algo que nosotros aún desconocíamos. Su presencia y su comportamiento nos sumieron en un estado de desconcierto aún mayor, dejándonos con más preguntas que respuestas.

Las Cuevas: Nuestro Nuevo Hogar

Guiados por los niños, llegamos a las cuevas que serían nuestro refugio en la aldea. Estas cuevas, pequeñas y circulares, estaban esculpidas en la roca de la montaña y carecían de puertas o ventanas. La falta de cualquier barrera física creaba una extraña sensación de comunidad, pero al mismo tiempo una inquietante ausencia de privacidad. Las paredes de las cuevas eran lisas y frías al tacto, como si hubieran sido pulidas a lo largo de siglos por las manos de generaciones anteriores. El suelo estaba cubierto con una fina capa de arena, que crujía bajo nuestros pies con cada paso.

Dentro de cada cueva, había pocas pertenencias esenciales: esteras de paja para dormir y algunos utensilios básicos. Era un entorno rustico, diseñado para lo necesario, pero carente de cualquier comodidad. Mientras nos acomodábamos en nuestras nuevas moradas, los niños continuaban emitiendo sus extraños sonidos, observándonos con sus grandes ojos, como si estuvieran evaluando si éramos dignos de ocupar su hogar. Sus miradas eran penetrantes, llenas de una sabiduría inquietante que parecía desmentir su apariencia infantil.

En esas cuevas, la línea entre la comunidad y la soledad era dudosa, obligándonos a enfrentar no solo el aislamiento físico, sino también el emocional.

El Conflicto Interno

Adaptarnos a esta nueva morada no fue una tarea fácil. El cruce del puente colgante había sido solo el primer paso de un viaje interno mucho más complicado y profundo. Cada noche, al cerrar los ojos en las cuevas frías y oscuras, el peso de las emociones no resueltas comenzaba a apoderarse de nosotros. La falta de privacidad, combinada con la soledad interna que impregnaba el ambiente, nos obligaba a enfrentar esos sentimientos que habíamos mantenido ocultos durante tanto tiempo.

En la aldea del Dolor, no había escapatoria de uno mismo. Estábamos rodeados de un silencio que solo era interrumpido por los suaves lamentos de los niños y el murmullo del viento que entraba a través de las aberturas de las cuevas. Las noches eran largas y llenas de introspección dolorosa, donde nuestras mentes se veían inundadas por recuerdos y emociones que creíamos haber dejado atrás. Cada rincón de esas cuevas parecía reflejar nuestros miedos más profundos, obligándonos a confrontar esas partes de nosotros mismos que habíamos intentado evitar durante tanto tiempo.

La Aceptación de las Emociones

Poco a poco, la resistencia inicial que todos sentimos comenzó a desvanecerse, dando paso a una aceptación dolorosa pero necesaria. Aprendimos a reconocer la presencia constante de Apego y Vergüenza en nuestras vidas, emociones que hasta entonces habíamos ignorado o reprimido.

Estos sentimientos, personificados por los extraños niños que eran el fruto de Apego y Vergüenza que nos habían guiado hasta las cuevas, se convirtieron en compañeros inevitables en nuestro viaje de autoconocimiento.

Cada llanto suave y melancólico de los niños resonaba con nuestras propias luchas internas, creando un eco de empatía y comprensión que, aunque doloroso, resultaba esencial para nuestro crecimiento.

Con el tiempo, comenzamos a ver las cuevas no solo como lugares de confinamiento, sino como espacios de reflexión y transformación. La falta de privacidad, que al principio nos había parecido una carga, se transformó en una oportunidad para abrirnos y conectar con los demás habitantes de la aldea. Compartir nuestras historias y miedos con los otros, encontrar puntos en común en nuestras experiencias, nos ayudó a aliviar el peso de nuestras cargas emocionales. En la aceptación de nuestras emociones más profundas, encontramos una especie de paz, aunque frágil, que nos permitió continuar adelante.

La Reflexión y el Alivio

A medida que los días pasaban, los pasajeros del autobús, ahora convertidos en nuevos habitantes de la aldea, comenzaron a intercambiar miradas de sorpresa y desconcierto. Descubrimos que la aldea, aunque austera en apariencia, estaba sorprendentemente bien organizada. Los almacenes estaban llenos de alimentos, herramientas y ropa, todos meticulosamente organizados, lo que contrastaba con la sensación inicial de caos y descontrol que habíamos percibido.

Cada uno de nosotros fue dirigido a una sección diferente de la aldea, y aunque este nuevo lugar parecía vasto, al mismo tiempo se sentía pequeño e íntimo.

El sistema de secciones estaba cuidadosamente diseñado para mantener un equilibrio entre las necesidades individuales y las demandas de la comunidad, una estructura que, aunque rígida, proporcionaba un cierto alivio al liberar a cada persona del peso de las decisiones personales.

Por un momento, sentí un alivio inesperado al pensar que alguien más dirigiría mi vida en este lugar. El peso de tomar decisiones, de enfrentar constantemente mis miedos y emociones, había sido reemplazado por un régimen en el que todo estaba decidido para nosotros.

Con el cansancio apoderándose de mí, decidí entregarme al sueño, esperando que el nuevo día trajera alguna claridad sobre este misterioso y desconcertante nuevo hogar.

La nueva morada, con sus exigencias de confrontación interna y aceptación de emociones, se había convertido en un espejo de nuestras almas. Nos obligaba a mirar más allá de las apariencias y a enfrentar la verdad de quiénes éramos realmente.

A medida que avanzábamos en este viaje de autodescubrimiento, aprendíamos que solo al aceptar nuestras emociones más profundas podríamos encontrar la paz y la comprensión en este extraño y desafiante lugar.

CAPÍTULO 7

Significado en la Monotonía y la Rutina

La rutina, con su aparente monotonía, puede parecer un enemigo silencioso que apaga el espíritu. Pero en este capítulo, descubrirás que incluso en las tareas más simples y repetitivas, hay lecciones profundas esperando ser reveladas. Acompañarás a los personajes en una labor que, aunque parezca insignificante a primera vista, se convierte en un espejo de la vida misma.

Aquí, la perseverancia, la reflexión y la colaboración son las herramientas que transforman la rutina en un acto lleno de significado.

Este capítulo te desafía a mirar más allá de la superficie de tus días, a encontrar propósito en lo cotidiano y a usar cada momento como un escalón hacia un yo más consciente y enriquecido.

Hormigas en la Caja de Metal

Desperté abruptamente por un ruido desconocido. Al salir de la cueva, vi a todos reunidos, listos para partir hacia la tarea que el alcalde nos había asignado. Soy Denia, una joven habitante de esta peculiar aldea.

Nuestra Aldea

La aldea está situada en un valle oculto entre dos imponentes montañas, cuyas cumbres se alzan majestuosas hacia el cielo. Los picos, cubiertos de densos bosques de pinos y robles, crean una barrera natural que rodea este lugar misterioso.

En primavera, las montañas se visten de un verde vibrante que inspira olvidarte del lugar en donde estas, mientras que, en invierno, la nieve cubre el paisaje con un manto blanco y sereno, aportando una calma casi mística al entorno.

 A lo lejos, el sonido constante de un río serpenteante añade una banda sonora natural que acompaña la vida en la aldea, creando una atmósfera de paz que contrasta con la intensidad de las emociones que aquí se viven.

El terreno en el que se encuentra la aldea parece interminable, lo que da la impresión de que, desde el momento en que cruzamos su frontera, el viaje ha sido eterno. Días pasaron mientras el autobús atravesaba este vasto territorio, haciéndonos sentir que la aldea es más un estado del ser que un lugar físico.

La aldea está diseñada con diversos espacios físicos que, a simple vista, pueden parecer una gran posada. Los viajeros que se dirigen a la aldea deben pasar por un meticuloso procedimiento con varias paradas antes de llegar a su destino final, donde pertenecerán.

Estas paradas tienen como propósito preparar a los recién llegados antes de su integración definitiva. En la primera parada, cada individuo organiza sus pertenencias y recibe enseñanzas sobre cómo será su vida en este nuevo entorno. La estructura de la posada está cuidadosamente planificada para guiar a los habitantes en su transición, asegurando que estén listos para lo que les espera.

Posteriormente, hay una segunda parada en la que los líderes de la aldea nos conducen a un edificio central, una estructura dedicada a establecer la visión, misión y propósito de la comunidad. En este lugar, se nos introduce a la organización interna de la aldea, preparándonos para cada etapa del viaje emocional que nos aguarda. Aquí se enfatiza que la aldea no es solo un lugar físico, sino una comunidad con un propósito claro y una misión compartida.

Finalmente, la aldea se divide en territorios específicos, cada uno destinado a grupos de personas organizados según sus necesidades emocionales y las emociones que regirán sus vidas. Este sistema asegura que cada individuo esté rodeado de quienes comparten desafíos similares, promoviendo un entorno de apoyo y comprensión mutua.

Las casas de la aldea son principalmente cuevas naturales adaptadas para ser habitables. Las entradas están reforzadas con piedras talladas a mano, que narran la historia y las tradiciones de la aldea. Estas cuevas no tienen puertas ni ventanas, lo que enfatiza la simplicidad de la vida aquí y el profundo apego de sus habitantes a la naturaleza. Esta simplicidad no solo refleja un estilo de vida austero, sino también una apertura simbólica hacia la comunidad y la naturaleza misma, donde nada se oculta y todo se comparte.

Nuestra Responsabilidad en la Aldea

En nuestra aldea, todos teníamos responsabilidades, sin distinción entre adultos y niños. Cada uno de nosotros recibió una pequeña lata de metal para llenarla con hormigas. Nos dieron instrucciones claras: bajo ninguna circunstancia debíamos permitir que las hormigas entraran en las cuevas. Estos insectos, con su trabajo constante, nos harían sentir inútiles, generando en nosotros la necesidad imperiosa de ser productivos. Para la aldea, las hormigas eran nuestros enemigos.

Los Líderes de la Aldea

El Señor Dolor

El alcalde, conocido como el señor Dolor, es una figura imponente y de gran influencia en la comunidad. De estatura alta y robusta, su presencia es autoritaria. Siempre viste de negro, con un sombrero que oscurece su rostro, dejando ver solo sus ojos penetrantes. Su atuendo se completa con un largo abrigo de lana que llega hasta sus tobillos, con botones grandes y plateados que brillan tenuemente a la luz del día. Bajo el abrigo, lleva una camisa blanca inmaculada, un chaleco oscuro y un cinturón ancho de cuero negro que ciñe su cintura. Sus pantalones, también negros y de corte recto, siempre están perfectamente planchados. En sus pies, lleva botas altas y pulidas que resuenan con cada paso.

La voz del señor Dolor es grave y resonante, infundiendo respeto y temor a la vez. Su discurso es lento y deliberado, asegurándose de que cada miembro de la comunidad entienda claramente sus órdenes. A pesar de su tono severo, no necesita levantar la voz; su presencia basta para imponer silencio y atención.

La familia del señor Dolor es igualmente respetada y temida. Su esposa, la señora Tristeza, es una mujer de semblante apagado y ojos siempre húmedos, como si una tristeza perpetua la embargara. Viste ropas grises y largas, y se la ve con frecuencia en compañía de su amiga, la señora Frustración, quien tiene una expresión perpetuamente tensa y preocupada. Ambas creen que demasiada alegría o contemplación debilita a las personas, haciéndolas susceptibles a enfermedades y desgracias.

La Señora Ansiedad

La señora Ansiedad es una mujer de complexión delgada y movimientos nerviosos, siempre en estado de alerta. Viste de manera práctica, con ropa ajustada que le permite moverse rápidamente. Su estilo es austero y funcional, con colores oscuros y sin adornos innecesarios. Un gran reloj en su muñeca nos recuerda constantemente el paso del tiempo.

Ansiedad tiene un carácter inquieto y apremiante. Su forma de tratar a la gente es brusca y directa, siempre con una sensación de urgencia en su voz. No tolera la dilación ni las excusas y se asegura de que todos estén constantemente ocupados. Aunque sus intenciones son mantenernos activos, su enfoque a menudo resulta en estrés y agotamiento.

Vive con su hermana, Inseguridad, una mujer que siempre duda de sus acciones y decisiones, y su sobrino, Temor, un niño callado y tímido que rara vez se aleja del lado de su tía. Juntos forman una unidad familiar marcada por la constante preocupación y la necesidad de control.

La Señora Depresión

La señora Depresión es una figura apagada y melancólica. De mediana edad, con cabello oscuro y lacio que cae sin vida sobre sus hombros, su vestimenta es siempre en tonos oscuros y apagados, a menudo con prendas que parecen demasiado grandes para su cuerpo. Sus ojos están siempre semicerrados, con una expresión de profunda tristeza y cansancio.

Depresión es calmada y su tono de voz es bajo y monótono. Su manera de tratar a la gente es con una suavidad casi apática, como si cualquier esfuerzo más allá de lo mínimo le costara demasiado. Aunque no es abiertamente cruel, su presencia tiene un efecto desmoralizante. No exige, pero su mera presencia recuerda a todos lo que podría suceder si sucumbimos a la inactividad.

Depresión vive sola, aunque a menudo recibe la visita de sus amigos Melancolía y Desesperanza. Melancolía es una figura reservada que pasa mucho tiempo recordando tiempos pasados con un suspiro constante, mientras que Desesperanza es más agresiva en su tristeza, a menudo hablando de lo inútil que parece todo esfuerzo.

Los Recolectores de Hormigas

Los recolectores de hormigas eran un grupo diverso de personas de diferentes edades, todos compartiendo la misma tarea diaria. Entre ellos estaban Pedro, un hombre joven y fuerte con un semblante serio; Ana, una mujer de mediana edad con una expresión perpetuamente preocupada; y Tomás, un hombre de mediana edad que, a pesar de su edad, se movía con sorprendente agilidad.

Pedro siempre vestía una camisa de lino blanca arremangada y pantalones de algodón marrones, con botas resistentes que le permitían caminar largas distancias. Ana prefería llevar vestidos largos y sencillos, generalmente en tonos tierra, con un delantal donde guardaba sus herramientas. Tomás, por su parte, usaba un sombrero de paja para protegerse del sol, una camisa de cuadros y pantalones desgastados, siempre acompañado de un bastón tallado a mano.

Cada día, salíamos alrededor de las cuevas y encontrábamos multitud de hormigas laborando.

Nuestro trabajo consistía en recogerlas y ponerlas en las latas. La búsqueda estaba dirigida por la señora Ansiedad y su compañera Depresión, quienes, siempre cansadas y apuradas, no nos permitían descansar, insistiendo en que debíamos terminar rápidamente para regresar a nuestras cuevas.

Durante nuestras jornadas, solían ocurrir pequeños incidentes. Un día, Pedro tropezó con una raíz oculta y derramó su lata llena de hormigas, provocando que estas se dispersaran rápidamente. Ana, siempre tan preocupada, accidentalmente aplastó algunas hormigas con su delantal, lo que la hizo sentirse culpable por el resto del día. Tomás, con su buen humor habitual, bromeó diciendo que las hormigas lo habían engañado llevándolo a un hormiguero vacío, lo que arrancó algunas risas entre nosotros, aliviando la tensión del momento.

En el camino, comíamos pequeños pedazos de pan y carne que nos traía Angustia cada dos o tres horas, hasta que el sol se ponía. Sin embargo, no podíamos contemplar la puesta del sol, ya que, según la señora Tristeza y su amiga Frustración, esto debilitaba nuestras defensas y nos hacía vulnerables a enfermedades.

Un Cambio en la Perspectiva Cotidiana

Un día, mientras recogía hormigas, me detuve por un instante para observarlas con más atención. Lo que al principio parecía una tarea trivial y mecánica comenzó a transformarse ante mis ojos. Estas pequeñas criaturas, aparentemente insignificantes, tenían algo profundo que enseñar. Su movimiento metódico y constante revelaba una lección que iba más allá de simplemente llenar una lata con ellas.

Mientras las observaba, comencé a reflexionar sobre su diligencia, su organización y su propósito claro. Me di cuenta de que quizá mi rutina diaria, aquella que muchas veces percibía como monótona y sin sentido, no era tan distinta. Tal vez era yo quien no estaba prestando suficiente atención.

Estaba atrapada en la costumbre, haciendo mis tareas de manera automática, sin detenerme a valorar el propósito y el significado que había detrás de cada acción.

Al detenerme y mirar de cerca, noté algo extraordinario: la unidad de esas pequeñas hormigas. A pesar de ser tan diminutas y aparentemente frágiles, trabajaban juntas con un objetivo común. Cargaban objetos que, para su tamaño, parecían imposibles de mover, pero su colaboración y esfuerzo conjunto lograban lo que una sola jamás podría hacer. Era como si cada una entendiera que su aporte, por pequeño que fuera, era indispensable para el logro de algo mayor.

Fue en ese momento que comprendí algo fundamental: las limitaciones que a menudo veía en mí misma eran, en gran parte, autoimpuestas. Me había permitido creer que debía cargar mis cargas sola, que la soledad era una realidad inevitable. Sin embargo, al mirar a estas pequeñas criaturas, entendí que la soledad no tenía que ser definitiva, que podía pedir ayuda, buscar compañía y apoyo, y que en la unidad con otros podría lograr cosas que sola jamás imaginaría alcanzar.

Ese día aprendí que mi trabajo diario, incluso las tareas más sencillas, podían cobrar un nuevo significado si las abordaba con intención y perspectiva. También entendí que la colaboración no solo alivia las cargas, sino que permite avanzar hacia un futuro mejor, más pleno y significativo. Trabajar en equipo no solo nos fortalece, sino que nos ayuda a construir algo más grande que nosotros mismos.

Aquel momento insignificante, recogiendo hormigas, cambió por completo mi manera de ver las cosas. Me enseñó a valorar lo cotidiano, a trabajar con propósito y, sobre todo, a reconocer que no estamos solos. Siempre podemos encontrar fuerza y apoyo en los demás, si tan solo nos atrevemos a pedirlo y a permitirnos recibirlo. Esa pequeña experiencia marcó el inicio de un cambio profundo en mi perspectiva: una vida vivida con más sentido, más gratitud y una conexión genuina con quienes me rodean.

Pero la lección más importante que aprendí fue que nunca habría descubierto estas verdades si no hubiera enfocado mi atención en el presente. Fue al detenerme, al observar con cuidado y al involucrarme plenamente en esa tarea aparentemente común, que pude darme cuenta de cuántas enseñanzas escondía. Al estar presente en el "aquí y ahora", mi mente se abrió a verdades que antes habían pasado desapercibidas.

La simple acción de centrarme en lo que estaba haciendo, sin distracciones ni juicios, me permitió aprender que cada instante de la vida cotidiana puede estar lleno de significado. En ese enfoque consciente, entendí que incluso en lo más pequeño, como el trabajo incansable de las hormigas, hay lecciones valiosas sobre fortaleza, unidad y propósito.

Fue el momento en que comprendí que, al vivir plenamente en el presente, no solo encuentro paz, sino también una fuente constante de aprendizaje y crecimiento.

CAPÍTULO 8

Resiliencia y Esperanza en la Adversidad

La adversidad a menudo irrumpe en nuestras vidas sin previo aviso, cargándolas de pruebas que parecen insuperables. Sin embargo, en este capítulo descubrirás cómo, incluso en los momentos más oscuros, es posible encontrar la fuerza para seguir adelante con dignidad y esperanza.

A través de la mirada de niños que enfrentan una realidad brutal, aprenderás que la resiliencia no consiste únicamente en soportar o sobrevivir, sino en hallar, en cada pequeño gesto de esperanza, la energía para avanzar.

Este capítulo es un poderoso recordatorio de que, aunque el mundo pueda parecer sombrío, siempre hay un rayo de luz que nos guía hacia un futuro mejor.

La solidaridad y el amor son los verdaderos pilares que nos sostienen en los momentos más difíciles.

Los Niños que Cargaban a sus Padres

Un día, mientras salía en busca de hormigas, tomé un desvío que me llevó a una sección desconocida del lugar. Caminé sin rumbo hasta que, de pronto, me encontré en una parte de la aldea que jamás había imaginado.

En la introducción que nos dieron durante la segunda parada, mencionaron que no todos estábamos en las mismas condiciones, pero yo, absorto en mis propias preocupaciones y tareas diarias, nunca me había detenido a comprobarlo por mí mismo. El ritmo frenético de la vida diaria me había mantenido ciego a la realidad que otros vivían.

Ese día, todo cambió.

Lo que vi me dejó sin palabras. Me encontré en un área habitada por niños, pero no eran como los que yo conocía. Eran pequeños, frágiles, casi espectros de lo que deberían ser. Y lo más impactante: cargaban a sus padres sobre sus espaldas.

La escena era surrealista, casi sacada de una pesadilla. Los niños, con piernas temblorosas y rostros demacrados, llevaban a cuestas a adultos incapaces de caminar por sí mismos. Era como si el peso del mundo hubiera sido invertido, y la carga del tiempo y la responsabilidad hubiera sido cruelmente impuesta sobre aquellos que apenas habían comenzado a vivir.

Observé en silencio, demasiado conmocionado para hacer otra cosa. Los niños no parecían conscientes de lo aberrante de su situación. Se movían con una resignación silenciosa, como si llevar a sus padres fuera lo más natural del mundo. Nadie se quejaba, nadie protestaba. Era como si todos, adultos y niños, hubieran aceptado su destino sin cuestionarlo, envueltos en una rutina que no dejaba espacio para la reflexión o el cambio.

Me di cuenta entonces de lo encerrado que había estado en mi propio pequeño universo, ajeno al dolor y la desesperación de los demás. Hasta ese día, nunca había tenido el valor ni la voluntad de salir de mi entorno seguro para comprender la realidad de otros. Pero ahora, frente a esta visión, algo dentro de mí se rompió y al mismo tiempo comenzó a reconstruirse. Supe que no podía seguir ignorando lo que estaba delante de mis ojos.

El día a día de estos niños

Cada día, la labor de estos niños consistía en llevar a sus padres a las cuevas donde vivían. Los adultos, con cuerpos grandes y pesados, se desplomaban sobre los pequeños cuerpos de sus hijos. Sus pies se arrastraban por el suelo mientras sus cabezas colgaban, incapaces de sostenerse por sí mismos. Los niños, con espaldas encorvadas y músculos tensos, caminaban con dificultad; cada paso era un esfuerzo inhumano. Sus rostros mostraban agotamiento: el sudor caía por sus frentes, sus ojos estaban hundidos por la falta de sueño, y sus respiraciones eran pesadas y entrecortadas.

La carga física que soportaban era impresionante. No solo cargaban a sus padres, sino que también tenían que recoger y comer flores para evitar que las abejas produjeran miel. Este trabajo adicional los debilitaba aún más, provocándoles enfermedades y una tos constante. Sin embargo, la carga emocional era aún más desgarradora. No solo soportaban el peso físico de sus padres, sino también la responsabilidad de cuidarlos y protegerlos. Los llevaban a las cuevas, los alimentaban y trataban de calmarlos cuando balbuceaban o lloraban como bebés. Esta inversión de roles forzaba a los niños a madurar prematuramente, robándoles la oportunidad de ser niños.

El entorno en el que vivían también añadía a su sufrimiento. Las cuevas eran frías y húmedas, impregnadas de un olor a moho y enfermedad. Los padres, en su estado de regresión, eran incapaces de ayudar. Sus mentes eran como las de bebés: balbuceaban incoherencias, no podían caminar sin caerse y pedían comida que no podían procurarse por sí mismos. Su total dependencia añadía una carga emocional devastadora a sus hijos, quienes no solo soportaban el peso físico de sus cuerpos, sino también el peso de su total dependencia.

El impacto que estas cargas dejaban en los niños

El impacto en los niños era evidente. Todos tenían profundas ojeras y jorobas en sus espaldas debido a la carga constante y el esfuerzo sobrehumano. No podían enderezarse completamente, sus jóvenes cuerpos deformados por la tarea inhumana que les había sido impuesta. Sus rostros reflejaban una tristeza profunda y una fatiga eterna, una pérdida de la niñez que nunca podrían recuperar.

Esta imagen de niños cargando a sus padres, tanto física como emocionalmente, pintaba una escena de desesperación y sufrimiento, un mundo donde la inocencia y la infancia eran sacrificadas en una lucha diaria y desgastante.

Me di cuenta de que los padres no estaban conscientes de lo que hacían. Se comportaban como bebés, balbuceaban incoherencias, pedían comida como si no pudieran conseguirla por sí mismos y no sabían caminar. Cuando intentaban levantarse, no podían y se caían. Era como si literalmente fueran bebés en cuerpos de adultos.

No vivían en cuevas individuales, sino que todos estos adultos estaban en una cueva común, donde la mayoría eran mujeres jóvenes y había muy pocos hombres. Los niños estaban bajo el mando del señor Rechazo, una figura sombría y autoritaria que parecía disfrutar manteniendo este ciclo interminable de miseria.

La tristeza en los rostros de los niños y su incomprensión de la situación me dejó una profunda impresión. Era un lugar donde los roles se invertían de manera absurda y dolorosa, un lugar donde la inocencia infantil era sacrificada en una lucha diaria y agotadora.

El señor Rechazo era quien dirigía todo en esta sección. Su mirada fría y calculadora no dejaba lugar a dudas sobre su control absoluto. Bajo su mando, los niños no tenían otra opción que obedecer. Se aseguraba de que los niños continuaran con sus tareas, sin cuestionar, sin protestar. Su figura era una constante sombra sobre sus vidas, recordándoles a cada momento su lugar y su deber.

Mientras observaba esta escena, una mezcla de compasión, ira, indignación y horror me invadió. No podía entender cómo estos niños podían soportar tanto, cómo podían seguir adelante día tras día con una carga tan pesada sobre sus pequeños hombros. Sus vidas estaban marcadas por un sufrimiento constante, una lucha sin fin que les robaba la infancia y la alegría.

Los Ayudantes de Rechazo

El señor Rechazo no estaba solo. Contaba con la ayuda de los Sombríos, quienes eran una extensión de su voluntad, ejecutando sus órdenes con eficiencia despiadada. Eran figuras encapuchadas, vestidas con túnicas negras que ocultaban sus rostros. Solo sus ojos brillaban en la penumbra, reflejando la crueldad y el desprecio que compartían con su líder.

Entre ellos, Sombra era el más temido. Era más corpulento que el propio Rechazo y utilizaba su fuerza física para intimidar y castigar. Sus manos, grandes y callosas, eran conocidas por repartir golpes sin piedad. Su voz, grave y autoritaria, hacía que pocos se atrevieran a desafiarlo.

Nieblas, por otro lado, se encargaba de las tareas más sutiles y psicológicas. Era astuta y manipuladora, experta en sembrar miedo y desconfianza entre los niños. Sus palabras eran armas que dejaban a los niños en un estado constante de ansiedad. Aunque rara vez recurría a la violencia física, su presencia era igualmente temida por el poder que tenía para quebrar la voluntad de los más fuertes.

Silencio, el espía de Rechazo, nunca hablaba, pero siempre estaba presente, observando todo con precisión inquietante. Su misión era descubrir cualquier atisbo de rebelión o desobediencia y reportarlo directamente a Rechazo. Su figura delgada y ágil se deslizaba por las sombras, apareciendo y desapareciendo sin previo aviso, siempre vigilante.

El control que el señor Rechazo y sus ayudantes mantenían sobre la sección era absoluto. Los niños no tenían otra opción que someterse a su destino, llevando a sus padres día tras día, sin esperanza de un futuro diferente. La dominación de Rechazo era total, una nube oscura que se cernía sobre la vida de estos niños, robándoles cualquier rastro de esperanza o felicidad.

Refugios secretos donde el alma se esconde

La cueva común donde residían los adultos era un lugar sombrío y opresivo, un reflejo físico de la desesperanza que impregnaba la vida en esta sección. Era una gran cavidad subterránea, con paredes irregulares y ásperas que parecían haber sido esculpidas por manos torpes y desesperadas. El techo, bajo y en algunos lugares sostenido por vigas corroídas, parecía a punto de colapsar.

El aire dentro de la cueva era denso y sofocante, cargado con el olor penetrante de moho y enfermedad. Una ligera luz amarillenta, proveniente de antorchas y braseros de carbón, apenas iluminaba el lugar, dejando muchas áreas en penumbra constante que amplificaba la sensación de claustrofobia.

Las sombras danzaban inquietas sobre las paredes, creando figuras fantasmales que parecían vigilar a los ocupantes de la cueva.

El suelo estaba cubierto de suciedad y escombros. Aquí y allá, se veían restos de flores marchitas y hojas secas, las mismas que los niños recogían para evitar que las abejas produjeran miel. Estas flores, al ser consumidas, contribuían a la tos y las enfermedades que afectaban tanto a los niños como a los adultos.

Adultos regresivos

Los adultos regresivos estaban dispersos por la cueva en grupos desordenados. No había ninguna estructura ni privacidad; simplemente se echaban sobre mantas viejas y harapos amontonados en el suelo. La mayoría eran mujeres jóvenes, con rostros que mostraban signos de desorientación y un comportamiento infantil. Muy pocos hombres estaban presentes, y aquellos que sí lo estaban, se encontraban en el mismo estado de regresión mental.

Los adultos balbuceaban incoherencias, lloraban y se comportaban como bebés, incapaces de cuidar de sí mismos. Algunos intentaban levantarse y caminar, pero sus piernas no les respondían, y caían al suelo repetidamente. Otros pedían comida con manos temblorosas, sin la capacidad de procurársela ellos mismos. Sus miradas eran vacías, como si sus mentes estuvieran atrapadas en un lugar lejano e inaccesible.

En una esquina de la cueva, había un área apartada donde se almacenaban algunos suministros básicos: alimentos secos, agua en recipientes de barro y algunas hierbas medicinales que los niños recogían en sus incursiones diarias. Este rincón era atendido por los Sombríos, que distribuían los recursos de manera estrictamente controlada, asegurándose de que todos permanecieran dependientes de ellos.

La cueva común era un lugar de tristeza y desesperanza, donde la luz del día nunca penetraba y el ciclo interminable de sufrimiento y sumisión se repetía sin fin. Era un espacio donde la humanidad se veía reducida a su forma más básica y frágil, un recordatorio constante de la crueldad y el poder absoluto del señor Rechazo y sus ayudantes.

La Sección de Descanso de los Niños

La sección donde descansaban los niños era apenas mejor que la cueva común, pero cargada con una atmósfera de tristeza y agotamiento. Esta área estaba ubicada en una parte cerca de las cuevas de los adultos, separada por un estrecho pasadizo que ofrecía una leve protección contra la opresión directa de los adultos regresivos.

El entorno físico era igualmente desolador. Las paredes eran de roca fría y húmeda, salpicadas de moho y hongos que prosperaban en la oscuridad. El suelo, desnudo y duro, estaba cubierto por una capa delgada de paja sucia y desgastada, insuficiente para ofrecer comodidad. Pequeños montones de harapos y mantas viejas se amontonaban en los rincones, improvisadas camas donde los niños trataban de encontrar un momento de descanso.

La iluminación en esta sección era tenue y parpadeante, proveniente de unas pocas antorchas montadas en las paredes. Estas antorchas emitían una luz débil y oscilante, creando sombras que se movían inquietantemente por la cueva. La falta de luz natural hacía que el ciclo día-noche fuera irrelevante, sumiendo el lugar en una penumbra perpetua que confundía el sentido del tiempo.

El aire estaba cargado de un olor agrio y húmedo, una mezcla de sudor, moho y el aliento de muchos cuerpos hacinados en un espacio reducido. La falta de ventilación adecuada hacía que el ambiente fuera opresivo y difícil de respirar. Los niños tosían frecuentemente y sus respiraciones entrecortadas resonando en el espacio cerrado.

El estado de los niños era un testimonio de la dura realidad que enfrentaban. Sus rostros, pálidos y demacrados, mostraban signos de agotamiento extremo. Tenían ojeras profundas, y sus cuerpos, marcados por la delgadez y la debilidad, a menudo presentaban heridas y contusiones debido al trabajo extenuante y la falta de atención médica. Muchos de ellos tenían jorobas visibles en sus espaldas debido a la constante carga de sus padres.

Las actividades en esta sección eran mínimas. Los niños apenas tenían energía para hablar entre ellos, y la mayoría se desplomaba en sus improvisadas camas tan pronto como tenían la oportunidad. Algunos intentaban limpiar o acomodar el espacio, pero sus esfuerzos eran limitados por el agotamiento. La falta de juegos y actividades recreativas era evidente; cualquier señal de infancia había sido suprimido por la necesidad de sobrevivir.

La supervisión de los Sombríos era constante incluso aquí. Vigilaban a los niños con ojos despiadados, asegurándose de que no hubiera ninguna forma de rebelión o desobediencia. Los castigos eran rápidos y severos para aquellos que intentaban descansar más de lo permitido o que mostraban signos de resistencia. El miedo a la represión mantenía a los niños en un estado constante de alerta, incluso cuando intentaban dormir.

La esperanza era un concepto casi inexistente en esta sección. Los niños sabían que sus vidas estaban atrapadas en un ciclo interminable de trabajo y sufrimiento. La tristeza y la desesperanza impregnaban cada rincón del lugar, sofocando cualquier chispa de alegría o esperanza de una mejoría futura.

Sin embargo, en medio de este desolador panorama, había quienes todavía conservaban una pequeña llama de esperanza, un destello que se negaba a ser extinguido.

El encuentro de Candy con el Príncipe de la Luz

Mientras Candy y René continuaban su resistencia silenciosa, cada día se convertía en una lucha por mantener viva la esperanza en medio de la oscuridad. A pesar de su determinación, Candy también sentía el peso de la desesperanza sobre sus pequeños hombros. Sin embargo, una noche ocurrió algo extraordinario.

Después de asegurarse de que René estaba a salvo y dormido, Candy decidió caminar sola hacia una pequeña cueva abandonada que había descubierto no muy lejos de su refugio. La cueva era su santuario secreto, un lugar donde podía permitirse soñar sin que la desesperanza la alcanzara. Pero esa noche, la cueva parecía más luminosa de lo habitual, como si una luz suave y cálida emanara de sus paredes.

Intrigada y un poco asustada, Candy se adentró en la cueva, sus pasos resonando suavemente en el silencio. A medida que avanzaba, la luz se volvía más intensa, pero no cegadora. Era una luz cálida, reconfortante, que la envolvía como un abrazo. Y entonces lo vio.

En el centro de la cueva, una figura resplandeciente se alzaba ante ella. Parecía humano, pero al mismo tiempo, más que humano. Sus ojos eran dos estrellas brillantes, y su cabello fluía como un río dorado. Su presencia irradiaba paz y fuerza, disipando cualquier rastro de miedo en el corazón de Candy.

—¿Quién eres? —preguntó Candy en un susurro, sintiendo que estaba en presencia de algo divino.

La figura sonrió, una sonrisa que parecía contener la luz de mil amaneceres.

—Soy el Príncipe de la Luz —respondió con una voz que resonaba como un eco suave en las paredes de la cueva—. He estado observándote, pequeña Candy. He visto tu valentía, tu determinación y el amor con el que cuidas a los demás. Estoy aquí porque Don Tiempo trabaja en secreto, para que ustedes, los inocentes, sean liberados. Ustedes que no han tenido la oportunidad de encontrase aun con Doña Vida y Don tiempo y que no han elegido lo que están viviendo.

Candy parpadeó, sorprendida. Había oído hablar de Don Tiempo en susurros, una figura misteriosa de la que se decía que controlaba el destino de todos. Pero nunca había imaginado que pudiera estar de su lado.

—¿Liberados? —repitió Candy, su voz temblando ligeramente—. ¿Cómo es posible? Los Sombríos... el señor Rechazo... siempre están vigilando. ¿Cómo podremos escapar?

El Príncipe de la Luz extendió una mano hacia ella, y en un gesto suave, acarició su mejilla.

—Don Tiempo está trabajando a su manera, creando oportunidades que ni los Sombríos ni el señor Rechazo pueden prever. Pero para que su plan funcione, tú y René deben seguir siendo fuertes, tal como ya lo has sido. Mantén tu fe, Candy, y continúa buscando esos pequeños indicios que te guiarán hacia la libertad. Cuando llegue el momento, sabrás qué hacer.

Candy sintió una oleada de esperanza inundar su corazón, como si una nueva fuerza la recorriera. Sabía que las palabras del Príncipe de la Luz eran ciertas, y que debía seguir luchando, no solo por ella, sino por todos los niños atrapados en aquel ciclo de sufrimiento.

—¿Nos ayudarás cuando llegue el momento? —preguntó con esperanza.

El Príncipe de la Luz asintió con solemnidad.

—Estaré allí, junto a ustedes. Pero recuerda, Candy, el poder más grande que posees no es el mío, sino el que ya llevas dentro de ti: la esperanza y la valentía. Con ellas, podrás enfrentarte a cualquier oscuridad.

Con esas palabras, la figura del Príncipe de la Luz comenzó a desvanecerse, como un sueño que se disuelve al despertar. Pero la luz que había traído consigo permaneció en el corazón de Candy, brillando con una intensidad que los Sombríos jamás podrían apagar.

Cuando Candy regresó con René, lo encontró aún dormido, con el rostro tranquilo y relajado. Se acercó a él, y con una sonrisa en los labios, le susurró:

—Vamos a salir de aquí, René. No estamos solos. El día llegará, y cuando llegue, estaremos listos.

Esa noche, mientras la lluvia golpeaba el techo de la cueva y los Sombríos patrullaban las sombras, Candy sintió una paz que nunca antes había experimentado. Sabía que la lucha sería larga y difícil, pero también sabía que no estaba luchando sola. Don Tiempo estaba de su lado, y con él, el Príncipe de la Luz.

Y así, en medio de la oscuridad, una chispa de esperanza comenzó a arder con más fuerza que nunca, iluminando el camino hacia un futuro donde la libertad y la luz prevalecerían sobre la sombra.

Fue en una tarde fría...

Fue en una tarde fría, mientras decidía regresar a casa, detrás de la sección de descanso, cuando escuché a dos niños susurrando. Se habían detenido bajo un árbol, refugiándose de la lluvia, como si quisieran esconderse de alguien. En ese momento, escuché a uno de ellos hablar en un tono bajo.

—Candy, ¿crees que algún día podremos salir de aquí? —preguntó René, un niño de rostro pálido y ojos llenos de curiosidad y cansancio.

Candy, una niña un poco mayor que René, guardó silencio por un momento. Sus ojos, a pesar de su corta edad, reflejaban una sabiduría adquirida a través del sufrimiento. Finalmente, respondió en un tono suave pero firme:

—Sí, René. Creo que un día encontraremos una salida. No podemos quedarnos aquí para siempre.

—Pero... el señor Rechazo... y los Sombríos... —René titubeó, su voz temblaba ligeramente—. Ellos siempre están vigilándonos.

Candy miró a su alrededor, asegurándose de que ningún Sombrío estuviera cerca. Cerciorándose también de que Silencio no los escuchara, se inclinó hacia René y le susurró con determinación:

—Ellos no saben todo. Hay cosas que no pueden ver ni entender. El día llegará, René. Tal vez no hoy, ni mañana, pero llegará. Y cuando llegue, estaremos listos.

—¿Y cómo lo haremos? —preguntó René, con una chispa de esperanza en su voz.

Candy esbozó una pequeña sonrisa, la primera que René había visto en mucho tiempo.

—Primero, debemos ser fuertes. Debemos resistir, René. No importa cuán cansados estemos, debemos mantenernos firmes. Y segundo... debemos estar atentos. Habrá un momento, una oportunidad. Cuando llegue, lo sabremos. Hasta entonces, debemos cuidar de nosotros mismos y de los demás. No estamos solos.

René asintió, sus ojos brillando con una mezcla de miedo y esperanza.

—Candy... ¿y si no lo logramos? —su voz era apenas un susurro.

Candy lo miró fijamente, tomó sus pequeñas manos entre las suyas, y secó sus lágrimas, porque para ese momento René ya estaba llorando. La expresión de Candy se volvió aún más seria, y apretando sus manos con firmeza, le dijo, mirándolo a los ojos:

—No pienses en eso, René. Mientras tengamos esperanza, mientras sigamos luchando, siempre habrá una posibilidad. No podemos dejar que el miedo nos controle. Debemos soñar con un futuro mejor. Y juntos, René... juntos lo haremos.

Los dos niños permanecieron en silencio por un momento, meditando en sus palabras. Allí, en medio de la tristeza y la desesperanza, esos breves susurros entre ellos plantaron la semilla de la resistencia y la esperanza. A partir de esa tarde, Candy y René empezaron a buscar formas, pequeños indicios que pudieran señalarles una vía de escape. Aunque no sabían cuándo ni cómo llegaría el momento, sabían que no podían darse por vencidos.

En el ambiente sombrío de las cuevas, donde la desesperanza era la norma, la conversación de esos dos niños se convirtió en un tenue rayo de luz, una promesa de que, tal vez, algún día, la oscuridad cedería ante la luz de un nuevo amanecer.

Por mi parte, también decidí regresar a mi cueva, con lágrimas en los ojos y la firme decisión de volver a este lugar.

Algo confrontó mi herida del pasado

En esa sección, donde los niños vivían una realidad tan dura como devastadora, algo profundo confrontó mi alma. Fue como mirar un espejo en el que aparecía una versión olvidada de mí mismo. Recordé, con una claridad punzante, que yo también había vivido esa cruel realidad hacía muchos años. Había creído que podía dejarla atrás, enterrarla, pero al enfrentar ese dolor ajeno, comprendí que nunca la había superado.

Ese trauma que tanto me esforcé por ignorar había sido, en realidad, lo que me había traído hasta aquí.

Por primera vez entendí que mi aislamiento, mi aparente indiferencia hacia el sufrimiento de otros, no era más que un reflejo de las heridas no sanadas que cargaba desde la infancia. Aquellas cicatrices me habían moldeado, empujándome a construir muros que me protegieran del dolor, pero que también me alejaban del mundo.

Ese día, mientras veía los ojos de esos niños—ojos que parecían conocer el peso de la injusticia desde demasiado temprano—comprendí mi verdadera historia. La confrontación con su sufrimiento era también una confrontación con el mío. Fue incómodo, fue desgarrador, pero al mismo tiempo fue necesario. Porque solo enfrentando el dolor podemos empezar a entendernos a nosotros mismos, y solo entendiendo podemos aspirar a sanar.

Ese momento marcó el inicio de un nuevo camino, uno en el que no solo decidí abrir los ojos a la realidad de otros, sino también al abismo que había intentado ignorar dentro de mí. Y con ello, nació una esperanza: la posibilidad de transformar ese dolor en algo más grande, algo que pudiera hacer una diferencia en el mundo y en mi propia vida.

CAPÍTULO 9

La Resignación y el Despertar

La resignación es un enemigo traidor que puede enredarnos en una rutina sin fin, robándonos la esperanza y el deseo de cambiar.

En este capítulo, los personajes se encuentran atrapados en una espiral de desesperanza, pero descubren que la conciencia y la voluntad de romper con lo conocido son las llaves para salir del ciclo destructivo.

A medida que sigues su viaje, serás testigo de cómo una simple chispa de realización puede encender el fuego del cambio y la redención. Este capítulo te invita a cuestionar las rutinas que te mantienen atado y a buscar con valentía una nueva dirección, recordándote que nunca es demasiado tarde para empezar de nuevo.

La Rueda del Olvido

Después de salir de aquella sección, me di cuenta de que la aldea era más grande y compleja de lo que había imaginado. Caminaba pensativo, un poco distraído, pensaba en Candy y Rene y en sus palabras, cuando crucé la calle hacia un lugar que nunca antes había captado mi atención. De repente, me detuve, sorprendido, al observar una rotonda con una fuente de agua en el centro. Aquello capturó profundamente mi interés, y me quedé unos minutos observando detenidamente mi aldea. Había vivido en ella sin notar que había más personas como yo.

Mientras observaba, me percaté de un camión lleno de hombres y unas pocas mujeres vestidas con uniformes azul oscuro y gorras amarillas. El camión daba vueltas alrededor de la rotonda una y otra vez, sin nunca salir de ella. Parecía que intentaban llegar a algún lugar, pero jamás lo lograban. Todos llevaban botellas en las manos, y su apariencia era descuidada, como si acabaran de salir de sus trabajos. No parecían conscientes de que el camión giraba interminablemente, sin destino.

Permanecí horas intentando comprender qué estaba ocurriendo hasta que noté que todos estaban ebrios, sin una pizca de cordura en sus palabras. Algunos hombres yacían tirados en la parte trasera del camión, perdidos en su propia inconsciencia. Decidí cambiar de ángulo para ver quién conducía el vehículo. Para mi sorpresa, allí estaban don Rechazo al volante y la señora Depresión a su lado, con unas carpetas en la mano.

El conductor del camión, don Rechazo, tenía una labor exacta y fría. Su trabajo consistía en mantener el vehículo en constante movimiento, girando sin descanso alrededor de la rotonda, como si seguir ese trayecto circular fuera su única misión en la vida. Con sus manos firmemente apretadas sobre el volante, don Rechazo guiaba el camión con una precisión casi mecánica, sin desvíos, sin cambios de dirección. Sus ojos, carentes de emoción, estaban fijos en la carretera, como si cada vuelta representara un ciclo inevitable de la vida, un recorrido que debe repetirse una y otra vez, hasta que se convierta en una rutina inquebrantable.

Su nombre no es casualidad; representa la resistencia implacable a cualquier cambio o escape. Para él, el propósito era claro: mantener a los hombres atrapados en ese bucle infinito, evitando que miren más allá, que consideren la posibilidad de un camino diferente.

A su lado, la señora Depresión desempeñaba un papel igualmente crucial, pero más sutil. Ella era la encargada de asegurar que los hombres en el camión no cuestionaran su destino, que aceptaran con resignación su lugar en esa interminable espiral. Con sus carpetas en mano, parecía llevar un registro minucioso de cada pensamiento de desesperanza, de cada instante de debilidad en los pasajeros. Su voz, suave pero cargada de una melancolía penetrante, era su herramienta más poderosa. Se inclinaba hacia los hombres y, en susurros que apenas eran audibles por encima del ronroneo del motor, les recordaba lo inútil de resistirse, lo agotador que sería intentar escapar. Les hablaba de lo inalcanzable que era cualquier sueño de libertad, de lo inútil que sería intentar cambiar el rumbo. Su objetivo era mantenerlos atrapados en la comodidad letal del olvido, donde cada vuelta en la rotonda era un paso más hacia la completa apatía.

El objetivo de dar vueltas en la rotonda era simple pero devastador: perpetuar un ciclo de desesperanza y resignación.

Cada vuelta reforzaba la idea de que no hay otro camino, que cualquier intento de escapar sería en vano. La rotonda misma es un símbolo del estancamiento, de una vida atrapada en un patrón repetitivo del que no hay salida visible.

Los hombres y mujeres a bordo del camión, bajo la influencia de don Rechazo y la señora Depresión, quedaban atrapados en este ciclo interminable, perdiendo lentamente la conciencia de su situación, hasta que todo lo que queda es un conformismo sombrío, una aceptación silenciosa de que la única realidad que conocen es la de girar y girar, sin fin, sin destino.

El camión giraba todo el día, pero al caer la noche, se dirigía a unas cuevas cercanas al lugar donde estaban los niños que cargaban a sus padres. Al llegar a las cuevas, los hombres eran recibidos por los niños que, con esfuerzo, los cargaban en sus espaldas y les decían "papá". Entonces comprendí por qué había visto tan pocas mujeres en la sección de los niños.

El estado de los hombres en el camión era lamentable. Vestidos con uniformes azul oscuro y gorras amarillas, su aspecto era desaliñado y cansado, como si acabaran de terminar una larga jornada de trabajo. Sus rostros estaban marcados por la fatiga, con ojos vidriosos y expresiones ausentes. Algunos apenas podían mantenerse en pie, tambaleándose, mientras otros estaban desplomados en los asientos del camión, completamente inconscientes.

Llevaban botellas en las manos, y era evidente que el alcohol los había dominado; sus movimientos eran torpes y descoordinados, sus palabras incoherentes y carentes de sentido. Se podía sentir un aire de resignación en ellos, como si hubieran perdido toda esperanza de escapar de esa interminable rutina. Estaban atrapados en un ciclo sin fin, sin darse cuenta de su situación o, tal vez, sin la voluntad de cambiarla. El alcohol parecía ser su única vía de escape, aunque fuera solo momentáneamente, de la dura realidad que los envolvía.

No entendía por qué cada día subían a ese camión si nunca llegaban a ningún lugar. Al día siguiente, movida por la curiosidad, regresé a la sección de los niños. Observé que don Rechazo no era cruel con los hombres; más bien, enviaba a la señora Depresión a convencerlos de unirse a la rutina del camión. Ella, con su voz suave y persuasiva, les susurraba que eran una carga para sus familias, que necesitaban distraerse, y que, al subir al camión, darían alivio a sus seres queridos, al menos por un rato.

Ese día, don Rechazo se acercó a Mauricio, que estaba inconsciente y no pudo unirse a los demás en la rotonda. Sentí una fuerte necesidad de quedarme para ver qué sucedería cuando él despertara, pues ya sabía lo que harían los demás. Me mantuve a distancia, observando con atención.

Pasaron unas horas hasta que Mauricio comenzó a despertar. Intentó incorporarse, pero su cuerpo no respondió; se desplomó al suelo. Fue entonces cuando noté que todos los adultos en esa sección tenían impedimentos físicos. Sus manos y pies no eran normales; parecían deformados, como si hubieran sido víctimas de una enfermedad, tal vez poliomielitis. Mauricio comenzó a gritar, y de inmediato acudió una niña llamada Aurora. Con una mezcla de ternura y fuerza, lo cargó en sus brazos y le preguntó:

—¿A dónde quieres ir hoy, papá?

Aurora era una niña dulce, de constitución física fuerte, pero en sus ojos se podía ver un enojo profundo, una furia silenciosa contra la vida que le había tocado. Ese día, Mauricio estaba sobrio. Al mirar a Aurora, pudo ver claramente el dolor que ella llevaba dentro. Con una voz quebrada por la tristeza y la comprensión, le pidió que lo llevara cerca del río.

—Quiero escuchar el murmullo del agua y el susurro del viento —dijo Mauricio, con una voz casi inaudible—. Necesito sentir algo más que esta pesadez.

Aurora asintió en silencio y, con un esfuerzo que parecía sobrehumano para alguien de su tamaño, levantó a su padre y comenzó a caminar hacia el río. El trayecto fue lento, pero ninguno de los dos habló; el silencio entre ellos estaba cargado de todo lo que no se habían dicho, de todas las emociones que habían reprimido.

Finalmente, llegaron al río. Aurora bajó a su padre con cuidado y se sentaron juntos en la orilla.

El sonido del agua fluyendo, mezclado con el susurro del viento entre los árboles, creó una melodía que contrastaba con la dureza de su realidad diaria. Mauricio, con los ojos cerrados, respiró hondo, permitiendo que ese sonido lo envolviera, lo acunara en un momento de paz que hacía mucho tiempo no experimentaba.

Aurora rompió el silencio primero; su voz era suave, pero cargada de una madurez que no correspondía a su edad.

—Papá, ¿por qué sigues subiendo a ese camión? —preguntó, sus ojos fijos en el agua, evitando la mirada de su padre—. Sabes que no lleva a ningún lugar.

Mauricio abrió los ojos y la miró. Sus manos temblaban ligeramente, ya no por el efecto del alcohol, sino por el peso de la verdad que su hija acababa de expresar. Se sintió expuesto, vulnerable, como si el río y el viento estuvieran desnudando su alma.

—Aurora… —comenzó, pero no encontraba las palabras—. No lo sé… Es como si fuera más fácil seguir girando, seguir bebiendo… que enfrentar lo que soy… lo que he hecho… lo que te he hecho a ti.

Aurora finalmente se volvió hacia él, su rostro serio pero lleno de una compasión que Mauricio no creía merecer.

—Papá, yo sé que es difícil. Sé que estás cansado… —dijo, tomando la mano de su padre entre las suyas—.

Pero cada vez que subes a ese camión, siento que te pierdo un poco más. Ya no eres el papá que recuerdo.

Mauricio bajó la cabeza, sintiendo una profunda vergüenza y tristeza. Las palabras de Aurora eran como espada, cortando a través de la niebla de su adicción, trayendo a la luz todo lo que había estado tratando de evitar.

—Lo sé… —murmuró, apretando la mano de Aurora con más fuerza—. Sé que te estoy fallando, y no sé cómo detenerme. Es como si cada vez que intento salir, algo me arrastra de nuevo.

Aurora lo miró con una determinación inesperada para alguien de su edad.

—Papá, yo no puedo llevar esta carga sola. Te necesito, pero no así… —su voz se quebró ligeramente—. Necesito que luches, que trates de salir de este ciclo. No quiero perderte para siempre.

Mauricio sintió un nudo en la garganta, un dolor que lo atravesaba, pero también algo más: una chispa de esperanza. Algo en la voz de Aurora, en sus ojos llenos de lágrimas, pero también de una fuerza inquebrantable, lo hizo darse cuenta de que aún no era demasiado tarde. Que había una posibilidad, por pequeña que fuera, de cambiar, de romper con el ciclo.

—Aurora… —dijo, con la voz entrecortada—. Prometo que lo intentaré. No sé cómo, pero haré todo lo posible por salir de esto. Por ti. Por nosotros.

Aurora lo abrazó con fuerza, y por primera vez en mucho tiempo, Mauricio sintió que estaba comenzando a despertar, a salir del letargo en el que había estado atrapado. El sonido del río y el viento los envolvió, ofreciéndoles un respiro, un momento de conexión verdadera.

Mauricio, todavía sintiendo el calor del abrazo de su hija, se quedó en silencio por un momento, observando el río que fluía tranquilamente frente a ellos. Sabía que debía contarle a Aurora la verdad sobre cómo había llegado a ese punto, sobre el autobús y las paradas extrañas que había conocido antes de que ella naciera. Aurora merecía saberlo todo, y tal vez, al compartir su historia, él podría empezar a liberarse del peso que lo había estado hundiendo durante tanto tiempo.

—Aurora, hay algo que debes saber —dijo, rompiendo finalmente el silencio—. Antes de que nacieras, mucho antes de que yo me perdiera en este ciclo, subí a un autobús muy especial. No era un autobús común, no tenía un destino claro ni una ruta definida. Era... un reflejo de mi vida, de las decisiones que tomé y de lo que estaba dispuesto a enfrentar.

Aurora lo miró con atención, sin interrumpirlo, consciente de que su padre estaba compartiendo algo profundo y doloroso.

—En ese autobús, conocí a don Tiempo y a doña Vida —continuó Mauricio—. Eran los guías del viaje, pero no de una manera que puedas imaginar. Don Tiempo, con su voz calmada y su porte sereno, nos hablaba de cómo cada parada no era un lugar físico, sino un reflejo de lo que habíamos perdido. Cada vez que el autobús se detenía, nos enfrentábamos a una parte de nosotros mismos que habíamos dejado atrás o que temíamos enfrentar.

Mauricio hizo una pausa, recordando el discurso de don Tiempo, sus palabras que aún resonaban en su mente.

—Yo... no estaba preparado para ese viaje. En lugar de enfrentar lo que había hecho, me dejé arrastrar por la corriente, por el olvido, por la bebida. Subía y bajaba de ese autobús me bajaba en cualquier parada, sin encontrar nunca una dirección clara, porque era más fácil perderme en ese ciclo que enfrentar mis propios miedos. Pero cada vez que subía al autobús, sentía que me alejaba más y más de lo que realmente importaba. De mi mismo.

Aurora sintió cómo sus ojos se llenaban de lágrimas, pero se obligó a mantener la compostura. Sabía que su padre estaba a punto de abrir su corazón como nunca antes lo había hecho, y quería ser fuerte para él.

Mauricio respiró hondo, como si el peso de los años y los recuerdos le aplastaran el pecho, y comenzó a hablar con una voz quebrada por el dolor y la nostalgia.

—El día que llegamos a la aldea del dolor... —comenzó, haciendo una pausa mientras buscaba las palabras adecuadas—. No me quedé en ella, Aurora. En lugar de eso, me quedé dando vueltas en el autobús, como si no pudiera enfrentar lo que allí me esperaba. Pasaron días, quizá semanas, no lo sé, todo se convirtió en un borrón de desesperación.

Aurora lo miraba, con el corazón encogido, sin atreverse a interrumpirlo.

—Y un día, sin darme cuenta de cómo, terminé aquí, perdido —continuó él, con la mirada perdida en un punto lejano del pasado—. Desperté en medio de ese camión, dando vueltas, sin saber a dónde iba ni qué hacer con mi vida. Fue entonces cuando la conocí a ella, a tu madre. Había tenido una vida difícil, una vida que, de alguna forma, tú ahora has heredado. Se había acostumbrado a usar las flores como comida, algo que yo nunca llegué a entender del todo. Pero un día... —su voz se quebró—. Un día, una tos, una simple alergia, se la llevó. Murió solo unos meses después de tu nacimiento, y después de eso... no pude bajar del camión. Era como si hubiera quedado atrapado, no solo en ese vehículo, sino en mi propia culpa y desesperación.

En ese momento, las lágrimas que Aurora había intentado reprimir cayeron silenciosamente por su rostro. Ver a su padre, a quien siempre había considerado una figura fuerte e inquebrantable, desmoronarse de esa manera, la hizo sentir una mezcla de tristeza y compasión tan profundas que le resultaba difícil respirar.

Mauricio, incapaz de contenerse más, empezó a llorar como un niño desamparado. Su cuerpo temblaba con cada sollozo, y su hija, en un gesto instintivo y lleno de amor, lo rodeó con sus brazos. Lo apretó con fuerza, como si quisiera fusionarse con él, como si quisiera transmitirle todo el consuelo que su corazón pudiera ofrecer. Ese abrazo, lleno de dolor compartido y de un amor incondicional, pareció durar una eternidad, envolviéndolos en un momento de conexión tan profundo que ninguna palabra sería capaz de describirlo.

Finalmente, Aurora se atrevió a romper el silencio, su voz temblorosa, pero llena de una nueva comprensión.

—Papá, ¿por qué nunca me contaste esto antes? —preguntó, con el tono suave y lleno de compasión.

Mauricio, aún con los ojos llenos de lágrimas, levantó la mirada hacia su hija. Se quedó en silencio por un momento, como si estuviera buscando las palabras correctas en un mar de emociones. Cuando al fin habló, lo hizo con una voz ronca, cargada de arrepentimiento y alivio.

—Porque... no sabía cómo. No sabía si alguna vez podría. Pero ahora, Aurora, ya no quiero seguir callando. Necesito que sepas lo que pasó, lo que me hizo ser quien soy. Necesito que me perdones por todo lo que he guardado en silencio, por todo lo que nunca te dije.

Aurora asintió lentamente, las lágrimas cayendo libremente de sus ojos. Apretó a su padre aún más fuerte, sabiendo que ese momento era el inicio de una nueva etapa en sus vidas, una en la que finalmente podrían enfrentarse al pasado juntos y comenzar a sanar las heridas que ambos habían llevado en silencio durante tanto tiempo.

Mauricio bajó la cabeza, sintiendo una profunda vergüenza.

—Porque tenía miedo —admitió—. Miedo de que no me entendieras, miedo de que pensaras que era un cobarde. Pero ahora sé que esconder la verdad solo ha hecho que te pierda aún más. No quiero seguir en ese camión dando vueltas sin llegar a ningún lugar, Aurora. Quiero estar aquí, contigo, enfrentar lo que venga, juntos.

Aurora se acercó más a su padre, tomando su mano de nuevo.

—No te voy a dejar, papá —dijo con firmeza—. Pero tienes que prometerme que lucharás, que no te rendirás. Porque yo tampoco puedo hacer esto sola.

Mauricio asintió, sintiendo por primera vez en mucho tiempo un destello de esperanza. Sabía que el camino sería largo y difícil, pero también sabía que no estaba solo. Con Aurora a su lado, tal vez, solo tal vez, podría encontrar una salida del oscuro ciclo en el que había estado atrapado.

Mientras hablaban, sus miradas se dirigieron hacia un viejo puente que cruzaba el río, una estructura antigua, desgastada por los años, pero que aún se mantenía en pie.

Era el mismo puente por el que Mauricio había visto a los pasajeros del bus cruzar una y otra vez, aquel puente que, por el temor profundo de caer en el abismo, nunca había tenido la valentía de atravesar solo. Era el mismo puente que, antes de que Aurora naciera, había cruzado innumerables veces con Ana, su madre, con la esperanza de que cada cruce fuera una señal de un futuro más prometedor. Ahora, ese puente, con sus vigas corroídas por el tiempo y su madera desgastada por el paso incesante de quienes se atrevían a enfrentarlo, se alzaba como un símbolo implacable de todo lo que Mauricio había soportado, y de todo lo que aún temía no poder resistir.

Para muchos, ese puente representaba un reto de valentía y resiliencia, una prueba de carácter que demostraba la fortaleza de aquellos que lo cruzaban sin titubear. Sin embargo, para Mauricio, aquel puente encarnaba todo lo contrario: era un recordatorio constante de la cobardía que sentía haber albergado en su corazón, del miedo que lo había paralizado en momentos cruciales, y, sobre todo, de la desdicha de haber perdido a Ana en un cruce que nunca debió haber ocurrido.

Mauricio veía el puente como un lugar maldito, una cicatriz en su memoria que nunca dejaba de sangrar. Cada vez que sus ojos se posaban en él, revivía la desesperación de aquel día en que Ana había tropezado y caído en su vicio, dejando tras de sí un vacío que ninguna cantidad de tiempo o arrepentimiento podía llenar.

Para Aurora, en cambio, el viejo puente tenía un significado completamente diferente. No solo lo veía como el lugar donde sus padres habían compartido sus últimos momentos juntos, sino como un símbolo de las veces que había cargado a su padre, física y emocionalmente, sobre sus hombros a través de ese mismo puente. Cada paso que daba sobre las tablas crujientes era un reflejo de la fortaleza que había tenido que desarrollar para sostener no solo su propia vida, sino también la de Mauricio, quien, sumido en su tristeza y arrepentimiento, muchas veces había sido incapaz de continuar adelante por sí solo.

Aurora recordaba cómo, de niña, su padre solía detenerse justo al borde del puente, sus ojos perdidos en el abismo, incapaz de seguir. Y era entonces cuando ella, pequeña pero decidida, lo tomaba de la mano y lo guiaba, paso a paso, hasta el otro lado.

Para Aurora, el puente no solo era una estructura física, sino una representación de la carga emocional que había llevado durante años, un testimonio de su amor por su padre y de su propia resiliencia. Cada cruce no era solo un desafío para ella, sino una forma de demostrar que, a pesar de todo el dolor y el peso del pasado, ella podía seguir adelante, y que su amor por él era más fuerte que cualquier abismo.

Cambiar, una decisión

Después de un silencio que pareció una eternidad. Mauricio tomó una decisión que sentía como una chispa de esperanza en su corazón. Sabía que debía volver al punto donde todo comenzó, donde se había perdido en ese ciclo de desesperación. Volvería al lugar donde había subido a ese autobús extraño, donde había comenzado a dar vueltas sin rumbo. Pero esta vez, no lo haría solo. Buscaría ayuda, tanto emocional como física. Sabía que para salir de ese ciclo necesitaba más que solo voluntad; necesitaba apoyo, comprensión y guía.

Mauricio se volvió hacia Aurora, y con una nueva determinación en sus ojos, le dijo:

—Aurora, he decidido que no solo voy a intentar salir de esto, voy a buscar la ayuda que necesito. Volveré al lugar donde me perdí, donde todo comenzó, y allí pediré ayuda. Ya no puedo hacerlo solo. Necesito que estemos juntos en esto, pero también necesito la fuerza de otros. Buscaré personas que puedan guiarme, y ayudarme a ser el padre que mereces.

Aurora lo miró con ojos llenos de esperanza y asintió.

—Estoy contigo, papá —respondió con firmeza—. No importa lo difícil que sea, saldremos adelante. No estás solo.

Mientras el sol comenzaba a descender, cubriendo el río y el viejo puente con una luz dorada, Mauricio y Aurora se abrazaron. Sabían que el camino sería largo y lleno de desafíos, pero también sabían que, juntos, podían enfrentarlo.

Con el río fluyendo suavemente a su lado y el puente como testigo de su promesa, Mauricio sintió que finalmente estaba listo para cruzar, para dejar atrás el ciclo que lo había atrapado durante tanto tiempo, y para encontrar un nuevo camino, uno lleno de esperanza, apoyo y amor.

Y así, mientras el viento susurraba entre los árboles y el agua continuaba su curso, padre e hija se prepararon para el viaje más importante de sus vidas: el viaje hacia la recuperación, hacia una vida nueva, hacia la esperanza.

CAPÍTULO 10

El Arte de Soltar y Sanar

El dolor es una parte inevitable de la vida, pero aferrarse a él puede impedirnos avanzar. En este capítulo, Velen nos guía por el difícil pero necesario camino del desapego.

A medida que Velen enfrenta su duelo, descubrirás que dejar ir no significa olvidar, sino liberar el espacio necesario para que la paz y la sanación florezcan.

Este capítulo te inspira a reconocer las cargas emocionales que llevas, a soltarlas con amor y compasión, y a abrirte a un futuro donde la paz interior no es un destino lejano, sino un estado que puedes cultivar en cada paso que das.

En el sombrío entorno de la aldea del Dolor, Velen nos lleva por un viaje emocional donde el peso de la pérdida y la culpa han creado una atmósfera opresiva. A través de su historia, somos testigos de su lucha para liberar el dolor que la mantiene encadenada a un pasado que no puede cambiar. Cuando su hija fallecida se manifiesta de una manera inesperada, Velen se enfrenta a una verdad difícil de aceptar: la carga que ha estado llevando no es más que una visión creada por su propia mente, alimentada por el sufrimiento.

A medida que Velen se da cuenta de que debe dejar ir para encontrar la paz, somos invitados a reflexionar sobre nuestras propias cargas emocionales. Su decisión de enterrar finalmente a su hija y liberar su espíritu es un acto de valentía que resuena profundamente, mostrando que soltar no es una traición al amor, sino un paso necesario hacia la sanación.

Este capítulo no solo es una historia de duelo, sino una lección poderosa sobre la importancia de liberar el pasado para permitir que la paz y la sanación florezcan en nuestras vidas.

Carretillas de Dolor

En la aldea del Dolor, un lugar donde el sol se rehusaba a brillar y una niebla perpetua cubría el terreno como un sudario, las carretillas fúnebres eran la única constante. Cada habitante pertenecía a una sección especial, determinada por el terremoto personal que los había llevado hasta allí. Estas secciones estaban gobernadas por distintas emociones, pero el presidente supremo de todas era el señor Dolor, una presencia omnipresente que dirigía la orquesta del sufrimiento con precisión y crudeza.

En esta sección particular se encontraban aquellos que se negaban obstinadamente a aceptar la posibilidad de una segunda oportunidad para la felicidad, una oportunidad que podrían haberse brindado si hubieran permitido enterrar a sus muertos y empezar de nuevo. Aquí, sus almas estaban encadenadas a la memoria de lo perdido, prisioneras de un duelo interminable, una herida que se negaba a cicatrizar.

Los habitantes de esta sección cargaban a sus muertos en carretillas diseñadas específicamente para mudanzas fúnebres. No eran carretillas comunes; eran artefactos concebidos para un propósito macabro y singular: transportar los cuerpos de sus seres queridos fallecidos. Pero más que cuerpos, lo que realmente cargaban eran recuerdos, culpas y reproches no dichos. Cada paso que daban con esas carretillas resonaba como un eco de lamentos en el silencio denso de la aldea.

Las Carretillas Fúnebres

Las carretillas en la aldea del Dolor eran mucho más que simples herramientas; eran manifestaciones físicas del peso emocional que los aldeanos cargaban consigo. Fabricadas con maderas oscuras y envejecidas, cada una parecía haber absorbido el sufrimiento de quienes las empujaban día tras día. Las ruedas, pesadas y robustas, chirriaban al moverse, como si el mismo metal estuviera cansado del peso que soportaba. Las asas, desgastadas por el uso constante, mostraban las marcas de manos que habían pasado demasiado tiempo aferrándose a un pasado que no podían dejar ir.

El interior de las carretillas estaba forrado con un tejido áspero, manchado y deteriorado por el paso del tiempo y la humedad constante de la niebla que envolvía esta sección de la aldea. Este forro, que posiblemente alguna vez fue de un color más claro, ahora se encontraba teñido en tonos oscuros y tenebrosos, reflejando la tristeza y la desesperanza que impregnaban el lugar.

Lo que hacía únicas a estas carretillas era su propósito siniestro: transportar los cuerpos de seres queridos que, aunque fallecidos, seguían siendo llevados en un macabro viaje sin fin.

Las carretillas estaban diseñadas para contener los cadáveres de aquellos que los aldeanos no podían o no querían enterrar. Sin embargo, no solo llevaban cuerpos; dentro de ellas, los aldeanos también cargaban el peso invisible de sus recuerdos, remordimientos y palabras nunca dichas.

A menudo, las carretillas parecían deformarse bajo el peso, como si la carga emocional las distorsionara físicamente. El movimiento de cada carretilla, lento y torpe, simbolizaba el arrastrar de una vida que se negaba a seguir adelante. Aquellos que las empujaban lo hacían con pasos pesados, conscientes de que cada avance no era hacia un destino de paz, sino hacia un perpetuo retorno al dolor.

Estas carretillas, con sus ruedas temblorosas y su estructura agobiada, eran una extensión de las almas que las empujaban: desgastadas, agotadas y atrapadas en un ciclo de sufrimiento del que no sabían cómo liberarse.

El Camino Recorrido con las Carretillas

El camino que recorrían los aldeanos con sus carretillas en la aldea del Dolor era tan sombrío y opresivo como las emociones que cargaban. Era un sendero estrecho y sinuoso, flanqueado por árboles altos y retorcidos cuyas ramas desnudas parecían extenderse hacia el cielo en una súplica silenciosa. Estas ramas, carcomidas por el tiempo y la intemperie, se entrelazaban en lo alto, formando un dosel natural que bloqueaba casi por completo la luz del sol, sumiendo el sendero en una penumbra constante.

El suelo bajo sus pies era fangoso, con charcos oscuros que se acumulaban en los huecos del terreno desigual. Cada paso que daban los aldeanos resonaba en el silencio con un chapoteo húmedo, como si la tierra misma intentara absorber el peso de sus pasos y, con ello, su dolor. Las raíces de los árboles emergían del suelo como tentáculos, enredándose en el camino y dificultando aún más el avance de las carretillas. A veces, las ruedas se atascaban en estas raíces, forzando a los aldeanos a hacer un esfuerzo adicional para continuar su marcha.

El camino que los aldeanos recorrían con sus carretillas no solo era difícil por su terreno accidentado y fangoso, sino que parecía tener un propósito más profundo, casi como si el sendero mismo quisiera comunicarse con aquellos que lo transitaban. Los charcos de agua acumulada tras la lluvia reciente parecían susurrar mensajes ocultos, verdades que nadie se atrevía a expresar en voz alta. Era como si el camino, con su silencio cargado de significado, intentara transmitir lo que las palabras nunca podrían: la necesidad de liberar a los muertos y a los vivos del peso que los mantenía atados.

Los árboles que bordeaban el sendero, altos y despojados de hojas, parecían estar de luto. Sus ramas, desnudas y retorcidas, se inclinaban hacia el suelo, como si compartieran el dolor de aquellos que no permitían que sus seres queridos descansaran en paz. Estos árboles, que una vez pudieron haber sido testigos de risas y momentos de amor, ahora se erguían como símbolos de un duelo perpetuo, reflejando la incapacidad de los vivos para encontrar consuelo en su propia existencia.

Incluso las carretillas, en su chirriar y gemir al ser empujadas, parecían llorar por la incomprensible tarea que se les había asignado. Era como si cada rueda que giraba, cada tablón que crujía, expresara una tristeza profunda, un lamento por un acto que desafiaba toda lógica y compasión. Las carretillas, al igual que el camino y los árboles, eran partícipes mudos de un dolor que nadie se atrevía a confrontar abiertamente, un dolor que se manifestaba en cada detalle del paisaje y en cada paso que daban los aldeanos.

El sendero cruzaba un puente viejo y desvencijado, cuyos tablones de madera crujían bajo el peso de las carretillas. El río que corría debajo era oscuro y profundo, sus aguas turbias reflejaban la melancolía del entorno. El puente simbolizaba un cruce necesario pero temido, una transición entre lo conocido y lo inevitable. Una vez que lo cruzaban, el sendero los obligaba a dar media vuelta, llevándolos de regreso hacia la aldea, como si el propio camino quisiera que nunca llegaran al cementerio, reteniéndolos en un ciclo interminable de regreso al dolor.

Al final del recorrido, y después de cruzar el puente de regreso, los aldeanos llegaban a una explanada abierta, donde el suelo era más firme pero igual de sombrío. Este espacio se conocía como el "Patio del Recuerdo". Allí, muchos dejaban sus carretillas junto a las de otros, todas alineadas en filas interminables, como testigos mudos de una tragedia colectiva que nunca encontraba resolución. Era aquí donde, en lugar de continuar hacia el cementerio, los aldeanos se reunían para compartir sus historias, sus pesares y, a veces, escuchar la triste melodía de la señora Tristeza, cuyas notas resonaban en el aire cargado, penetrando hasta lo más profundo de sus almas.

A veces, el señor Dolor pasaba por esta sección, supervisando con ojos impasibles a aquellos que habían elegido aferrarse a su sufrimiento. No necesitaba decir nada; su presencia era suficiente para recordarles que, en la aldea del Dolor, el alivio y la redención no eran más que ilusiones distantes, espejismos que se desvanecían al primer intento de alcanzarlos. Aquí, el dolor era la ley, y la carretilla, el símbolo de una existencia definida por lo que no se podía dejar ir.

Los Cadáveres y la Percepción de los Aldeanos

Los cadáveres en las carretillas eran una visión perturbadora para cualquiera que se atreviera a mirar. Los cuerpos, envueltos en telas raídas y manchadas por la descomposición, mostraban los estragos del tiempo con una crudeza ineludible. La piel, flácida y pálida, se adhería a los huesos de manera grotesca, con ojos hundidos en órbitas oscuras que parecían mirar fijamente hacia el vacío. Las manos rígidas, congeladas en posiciones antinaturales, eran un testimonio mudo del implacable avance de la muerte.

El hedor era insoportable, un olor penetrante que invadía el aire y se mezclaba con la neblina perpetua de esta sombría sección de la aldea. Para cualquier extraño, aquello era un cuadro de decadencia pura, una exhibición aterradora de lo inevitable. Sin embargo, los aldeanos que empujaban estas carretillas no compartían esa visión. Para ellos, los cuerpos no eran simples restos descompuestos, sino los ecos de vidas pasadas que aún se aferraban a sus corazones.

Donde otros veían descomposición y deterioro, ellos evocaban rostros familiares llenos de ternura, recuerdos de caricias y risas que alguna vez dieron color a su existencia. Los ojos vacíos y sin vida no eran para ellos abismos sombríos, sino ventanas a un pasado que se negaban a olvidar. Cada arruga, cada marca en esos cuerpos, era para los aldeanos un mapa de momentos que se resistían a perder.

Al arrastrar las carretillas, el peso que sentían no era solo físico; era el peso de sus recuerdos y emociones no resueltas. Cada paso era una marcha fúnebre, no solo por lo que habían perdido, sino por aquello que nunca recuperarían. Dejar esos cuerpos atrás sería una traición demasiado grande, un acto que los desconectaría de lo único que aún les daba sentido. Así, se aferraban a sus muertos como si al soltarlos también estuvieran soltando la esencia misma de quienes una vez fueron.

La Visión de los Observadores Externos

Los observadores no eran extraños lejanos, sino otros habitantes de la aldea del Dolor, provenientes de diferentes secciones. Aunque compartían el mismo espacio, sus perspectivas eran radicalmente distintas. Desde su punto de vista, los cuerpos en las carretillas eran abominaciones: deformados, arruinados por la muerte y por la obstinación de quienes los cargaban. Para ellos, el espectáculo era un recordatorio del horror de la decadencia, un espejo de lo que temían enfrentar.

El hedor era insoportable, una mezcla de descomposición que parecía infiltrarse en los poros y en la mente. La visión de los cuerpos desfigurados les revolvía el estómago, y no podían comprender cómo los aldeanos permanecían impasibles, ciegos al horror que ellos veían tan claramente. Para los observadores, los que empujaban las carretillas estaban atrapados en un espejismo, sumidos en una negación tan profunda que los aislaba de la realidad.

Este contraste de percepciones mantenía a la aldea en un estado perpetuo de duelo. Los aldeanos cargaban con lo que para ellos eran fragmentos de amor y memoria, mientras los demás solo veían sombras grotescas de lo que una vez fue. Esa brecha entre lo que se siente y lo que se observa desde fuera encapsulaba una verdad más amplia: el sufrimiento, en su forma más cruda, es incomprensible para quien no lo vive.

Una Lección Oculta

Esta escena nos enseña una gran verdad: a menudo no somos capaces de percibir la profundidad del sufrimiento ajeno. Solo quien arrastra su propio "muerto" sabe realmente lo que pesa y lo que significa. Mientras que desde fuera podemos juzgar, criticar o incluso compadecer, nunca llegaremos a entender completamente lo que otro lleva consigo. Es un recordatorio de que, a veces, la empatía no está en comprender, sino en respetar el dolor que no podemos ver con claridad.

El Encuentro Inesperado

Un día, mientras los aldeanos realizaban su monótona procesión, arrastrando sus carretillas por los senderos conocidos, una de las carretillas se detuvo de repente. Era la carretilla de Velen, una mujer cuyo dolor parecía haberse entrelazado con el paisaje mismo. En su carretilla yacía el cuerpo de su hija pequeña, que había muerto hacía un año y medio en un devastador terremoto. Velen, acostumbrada al peso y a la carga diaria de su duelo, se sorprendió al sentir que la carretilla se hacía más pesada de lo habitual, hasta que, de repente, el cuerpo en su interior comenzó a moverse.

Velen dio un paso atrás, horrorizada, mientras observaba cómo la pequeña mano de su hija se alzaba lentamente desde el montón de telas que cubrían su cuerpo. Su piel, que debería estar fría e inmóvil, comenzó a recobrar un tono pálido, pero visible, y sus ojos, hundidos en sus pequeñas cuencas, se abrieron para mirarla con una mezcla de tristeza y ternura.

—Mamá —dijo la niña con una voz que parecía salir de lo más profundo de la tierra—. ¿Por qué sigues llevándome contigo? ¿Por qué no me dejas ir?

Velen, aterrada, apenas pudo hablar. Su corazón latía con fuerza en su pecho, y su mente luchaba por comprender lo que estaba viendo.

—No podía… no podía dejarte ir —balbuceó finalmente, las palabras atrapadas en su garganta—. Tenía miedo de olvidarte, de perder la conexión con lo que fuimos.

La niña asintió lentamente, su expresión una mezcla de amor y dolor.

—Mamá, nunca me olvidarás, pero debes dejarme ir y permitirte descansar del dolor. Mi tiempo aquí ha terminado, y tú debes seguir adelante. Cargar conmigo todo este tiempo solo ha detenido tu propio camino. No es justo para ti.

Las palabras resonaron en el aire como un eco, y Velen sintió una oleada de emociones que la abrumaron. Por primera vez en meses, permitió que las lágrimas cayeran libremente por su rostro. En ese momento, comprendió que su dolor, aunque profundo, no debía ser eterno. Había usado la carretilla como un escudo, protegiéndose del olvido, pero también impidiéndose avanzar.

La Decisión de Velen

Con manos temblorosas, Velen se arrodilló junto a la carretilla y tomó la pequeña mano de su hija, que aún se extendía hacia ella. La niña sonrió débilmente, como si estuviera satisfecha con la decisión que su madre estaba a punto de tomar. En ese momento, Velen lloró todo lo que no había llorado antes. Comprendió que ella no era la culpable de la muerte de su hija y entendió que no tenía control sobre todos los acontecimientos a su alrededor. Entonces, decidió dejarla ir.

—Es hora de descansar —susurró Velen, su voz apenas audible.

Y así, en ese instante, la niña volvió a quedarse quieta, su mano cayendo suavemente sobre las telas que la cubrían. El peso de la carretilla se aligeró, como si el espíritu de su hija hubiera finalmente encontrado la paz que tanto necesitaba.

Velen, con el corazón aún pesado pero determinado, se levantó y miró a su alrededor. Los otros aldeanos la observaban en silencio, algunos con curiosidad, otros con una compasión que ella no comprendía del todo. No entendían por qué había tomado otra dirección, diferente de la procesión que seguía el resto del pueblo. Muchos se detuvieron a mirar, pero pronto Velen se perdió en la penumbra de la niebla que envolvía el lugar.

Ella sabía que lo que estaba a punto de hacer no sería fácil, pero también sabía que era necesario. Aunque esta vez tuviera que tomar el camino sola, lo hizo con la firme decisión de que debía cambiar y avanzar a otra etapa de su vida.

Con pasos firmes, comenzó a empujar la carretilla hacia el cementerio de la aldea. El camino serpenteaba a través del bosque, llevándola a cruzar un puente de madera vieja y crujiente, cubierto de musgo, que parecía tambalearse bajo su peso. A lo lejos, los árboles se alzaban como centinelas oscuros, sus ramas entrelazadas formando un techo de sombras. La niebla se espesaba, transformando el paisaje en un laberinto de formas vagas y movimientos sutiles. Velen, sin embargo, no titubeó; sabía que debía seguir adelante.

Después de cruzar el puente, el sendero giró bruscamente, obligándola a volver sobre sus pasos en dirección al cementerio. Era un lugar al que no había ido en mucho tiempo, temerosa de lo que significaría dejar a su hija allí. Pero esta vez, no había miedo, solo una profunda tristeza mezclada con la necesidad de liberación.

Al llegar al claro, el cementerio se desplegó ante ella como un lugar olvidado por el tiempo. Las lápidas, desgastadas por los años y cubiertas de moho y telarañas, se alzaban como dientes rotos en un suelo húmedo y oscuro. La niebla se arremolinaba entre las tumbas, dándole al lugar un aire de otro mundo, como si estuviera suspendido entre la vida y la muerte.

Había herramientas esparcidas por todo el lugar, restos de algún trabajo abandonado hace mucho tiempo. Entre ellas, Velen encontró una pala, oxidada pero aún funcional.

Con una determinación nacida de su dolor, comenzó a cavar una tumba sencilla con aquella pala olvidada quizás por alguna persona que se había detenido de enterrar a su muerto.

Cada golpe de la pala en la tierra húmeda resonaba en el silencio del cementerio, como un tambor que marcaba el ritmo de su sufrimiento. Con cada palada, el dolor y la culpa pesaban más en su pecho, pero sabía que debía hacerlo. La tierra se acumulaba a su lado, y con cada montón, sentía que se acercaba un paso más a la liberación que tanto anhelaba.

Cuando terminó de cavar, el hoyo era profundo y oscuro, su cuerpo estaba sucio y por su frente corría sudor mezclado con tierra. Velen sentía que un abismo se abría ante ella, dispuesto a tragarse sus pesadillas. Salió de la tumba recién hecha y se dispuso a colocar el cuerpo de su hija muerta. Se arrodilló junto a la carretilla y, con un cuidado reverente, levantó el pequeño cuerpo en sus brazos. La frialdad del cuerpo sin vida de su hija contrastaba con el calor de sus lágrimas, que comenzaban a caer en silencio, una tras otra, empapando las sábanas que envolvían a la niña. La tristeza que la invadía era infinita, un océano de dolor que la arrastraba hacia las profundidades de su ser.

Atónita, Velen observó cómo su hija se transformaba ante sus ojos. Lo que había sido un cuerpo sin vida comenzó a brillar con una luz cálida, hasta convertirse en una figura angelical, radiante y sonriente. La niebla que normalmente caracterizaba el cementerio se disipó por completo, dejando el espacio inundado por una luz dorada que parecía emanar del propio cielo. La figura de su hija, ahora intangible y llena de paz, flotaba ligeramente sobre la tierra, su presencia más real que nunca.

Con una voz suave, como un susurro que parecía desvanecerse en el aire, su hija le habló. Sus palabras resonaron delicadamente, como caricias en el alma herida de Velen. Aquella voz logró calmar su corazón atormentado. Y entonces, la niña dijo a su madre...— Hasta pronto, madre. Nos veremos en la eternidad. Nunca estuve en esa carretilla. Todo esto ha sido parte de tu dolor, de la carga de la frustración y la culpa que llevas, creyendo que pudiste salvarme aquel día del terremoto. Pero debes saber que no podías haber hecho más. Me alegra que hayas encontrado el camino, no para dejarme ir y que yo esté en paz, sino para que puedas liberarte y dejar de lastimarte a ti misma. Te amo.

Las palabras de su hija penetraron profundamente en el corazón de Velen, disipando las sombras que habían oscurecido su alma durante tanto tiempo. La revelación de que su hija nunca estuvo atrapada en su dolor, sino que había sido su propia culpa la que la había atado, la dejó sin aliento. Pero, al mismo tiempo, sintió cómo esas cadenas invisibles que la habían mantenido prisionera comenzaban a desmoronarse, liberándola finalmente del peso que había llevado durante tanto tiempo.

Velen cerró los ojos, permitiendo que las lágrimas fluyeran libremente, no de tristeza, sino de alivio. Sabía que su hija estaba bien, que siempre lo había estado, y que ahora era su turno de estarlo también. Cuando volvió a abrir los ojos, la figura de su hija comenzó a elevarse suavemente, fundiéndose con la luz que la rodeaba hasta desaparecer en el cielo.

El cementerio, que antes era un lugar de muerte y desolación, ahora se había transformado en un santuario de paz y renovación. Las tumbas, antes cubiertas de musgo y deterioradas, ahora parecían brillar con una nueva vida, como si el lugar mismo hubiera sido bendecido por la presencia de su hija. Velen, aún arrodillada junto a la tumba vacía, sintió una profunda serenidad, un alivio que no había conocido en años.

Por primera vez, se levantó sin el peso del pasado oprimiendo sus hombros. Sabía que su hija estaba bien, más de lo que jamás había imaginado. Ahora, finalmente, Velen podía comenzar a encontrar su propio camino. Con una última mirada al cielo, donde la luz de su hija se había desvanecido, Velen se giró y comenzó a caminar de regreso al pueblo. Su corazón estaba más ligero, y en su interior sentía una renovada esperanza.

Mientras salía del cementerio, algo a lo lejos captó su atención. Allí, junto a la entrada, vio a Don Tiempo, aquel peculiar personaje que había conocido alguna vez en el autobús. Esta vez, Don Tiempo sonreía ampliamente, asentía con la cabeza y, para sorpresa de Velen, comenzó a aplaudir. Aquella imagen, cargada de una calma inexplicable, parecía un silencioso reconocimiento, una aprobación que Velen atesoró en lo profundo de su ser mientras seguía adelante.

Reflexión Final de Velen

Al regresar a la aldea, Velen se sintió diferente, más ligera, como si un enorme peso se hubiera desvanecido de sus hombros. No había olvidado a su hija, pero algo profundo había cambiado en ella al enfrentar la realidad de lo que había sucedido en el cementerio. Esa noche, decidió compartir su experiencia con los aldeanos, sabiendo que su historia podría ser difícil de entender, pero sintiendo que era importante hacerlo.

Reunió a todos en el patio al aire libre, donde encendió una fogata que proyectaba sombras danzantes en los rostros de los presentes. Las llamas crujían suavemente mientras Velen se preparaba para hablar, su voz era tranquila pero cargada de una verdad que ella misma había tardado en aceptar.

—Hoy enterré a mi hija —comenzó, sosteniendo en sus manos la pala que había utilizado—. Pero lo que descubrí al decidir hacerlo es algo que aún me cuesta comprender del todo, y sé que para ustedes también será difícil de creer.

Los aldeanos, siempre respetuosos y atentos, guardaron silencio, aunque algunos intercambiaron miradas de incertidumbre.

—Durante mucho tiempo, creí que llevaba el cuerpo de mi hija en esta carretilla —dijo Velen, señalando la carretilla vacía que estaba a su lado—. Pero hoy, al cavar su tumba y al intentar colocar su cuerpo en la tierra, algo asombroso sucedió. El cuerpo que había sostenido en mis brazos, el cuerpo que creía debía enterrar, comenzó a desvanecerse, como si nunca hubiera estado allí. Fue entonces cuando me di cuenta de una verdad difícil de aceptar: mi hija, o más bien, su cuerpo, nunca había estado realmente en esa carretilla.

Un murmullo de desconcierto recorrió a los aldeanos. Algunos fruncieron el ceño, otros desviaron la mirada, y unos pocos intercambiaron susurros, claramente luchando por entender o creer lo que Velen decía.

—Sé que esto suena increíble, incluso imposible —continuó Velen, anticipando sus dudas—. Pero la verdad es que todo este tiempo, había estado llevando algo que no era real. La carretilla, que creí que contenía el cuerpo de mi hija, solo estaba llena de mi dolor, de mi culpa, de mi incapacidad para aceptar lo que había sucedido. Al final, era mi mente la que había creado esa carga, no la realidad.

Un silencio incómodo se apoderó del grupo. Los aldeanos la miraban, algunos con escepticismo, otros con compasión, pero todos con una mezcla de emociones que reflejaban la dificultad de aceptar lo que estaban escuchando.

Velen respiró hondo antes de continuar, sabiendo que la próxima parte de su mensaje sería crucial.

—El problema no es la carretilla que cargamos cada día —dijo con voz firme—, sino la amargura, la falta de paz y alegría que llevamos después de perder a un ser querido. Esa carga se vuelve como un olor desagradable, una podredumbre que contamina todo lo que hacemos, y al final, nos quedamos solos cargando un dolor que debemos procesar para poder seguir adelante.

Durante todo este tiempo, creí que mi carga era física, que estaba llevando el cuerpo de mi hija, pero la verdad es que el peso real era mi dolor, mi incapacidad para soltar. Hoy comprendí que es ese dolor el que nos aplasta, el que hace que nuestras almas se ahoguen en la desesperación. Y es esa carga la que debemos aprender a dejar atrás, para que podamos encontrar la paz y la alegría que nos han sido arrebatadas.

Los aldeanos permanecieron en silencio, procesando lo que Velen les contaba. Algunos se resistían a la idea, incapaces de concebir cómo una madre podría cargar con algo que no estaba allí, mientras otros comenzaban a ver la profundidad del dolor que había soportado.

—Lo sé —dijo Velen, con una voz suave—. Sé que suena increíble, pero también sé que cada uno de nosotros lleva cargas que son más mentales que físicas. Cargas que, aunque no podemos ver, nos pesan en el alma. Hoy me liberé de la mía, y quiero que ustedes también encuentren la manera de liberarse de las suyas.

Con una determinación renovada, Velen tomó la carretilla vacía y la arrojó al fuego que ardía con fuerza. Las llamas la envolvieron rápidamente, devorando la madera y el metal con un rechinar que resonó en el aire. Mientras observaba cómo el fuego consumía la carretilla, Velen sintió una paz que no había experimentado en mucho tiempo. Supo en ese instante que, aunque el dolor siempre sería parte de su historia, ya no sería la única fuerza que gobernara su vida.

Cuando las llamas finalmente se extinguieron y solo quedaron brasas, Velen miró a los aldeanos, que habían permanecido en silencio, observando cada paso de su liberación. En sus rostros, vio una comprensión compartida, una aceptación de que el dolor es parte de la vida, pero que no debemos permitir que nos defina para siempre.

Dejar ir a nuestros muertos, y los recuerdos que nos atan a ellos, es solo el primer paso hacia la sanación. Al destruir los símbolos de nuestro sufrimiento, nos liberamos de la tentación de arrastrar esos recuerdos dolorosos con nosotros, permitiendo que nuestras almas encuentren la paz que tanto anhelan.

Después de su relato, los aldeanos se reunieron alrededor de la fogata, compartiendo sus propios pensamientos y sentimientos. Mientras tanto, en una esquina del patio del recuerdo, una melodía melancólica resonaba en el aire, tocada por la señora Tristeza en su piano. Su música, impregnada de dolor, servía como un recordatorio de que, aunque el dolor es real y profundo, también es transitorio, y que el verdadero desafío es aprender a dejarlo ir.

Así, en esta sesión de aquellos que no querían terminar con su duelo, comenzó a gestarse un cambio. No sería fácil, y no sucedería de la noche a la mañana, pero la semilla había sido plantada.

La historia de Velen se convertiría en un recordatorio de que, aunque el dolor puede ser poderoso, no tiene por qué definirnos para siempre. Al soltar aquello que nos ata al sufrimiento, abrimos la puerta a un futuro donde la paz y la sanación pueden florecer en nuestros corazones.

CAPÍTULO 11

Integración y

Sanación de los Fragmentos Rotos

Todos llevamos dentro de nosotros partes dañadas, fragmentos que nos recuerdan las batallas que hemos librado.

En este capítulo, los habitantes de la Aldea del Dolor nos muestran que la verdadera sanación no consiste en volver a ser completos, sino en aceptar e integrar esas piezas rotas en una nueva identidad.

A través de sus historias, descubrirás que la vulnerabilidad no es una debilidad, sino una fuente de fortaleza. Este capítulo te invita a abrazar tus fragmentos, a caminar con ellos y a encontrar la paz en la aceptación total de quién eres, con todas tus imperfecciones y cicatrices.

Los Fragmentos Rotos

En la Aldea del Dolor, las emociones no eran meras sensaciones internas, sino que se materializaban como figuras tangibles, recordatorios perpetuos de los fracasos y traumas que sus habitantes llevaban consigo. Sin embargo, lo más aterrador no eran estas emociones visibles, sino los egos rotos que cada habitante ocultaba en las profundidades de sus cuevas interiores. Estos egos, suspendidos en la oscuridad, eran reflejos distorsionados de lo que alguna vez fueron, ahora deformados por la culpa y la vergüenza, representando las partes de sí mismos que ya no podían sostener.

Los habitantes evitaban enfrentarse a estos egos tanto como podían, pero la "Sección de los Fragmentos Rotos" era un lugar al que siempre retornaban, confrontando sus sombras con una mezcla de temor y resignación. Aquí, la sanación no se trataba simplemente de olvidar o reparar; era un proceso profundo de aceptación del dolor y de integración de sus sombras en una nueva identidad.

La Sección de los Fragmentos Rotos

En la "Sección de los Fragmentos Rotos", cada habitante de la Aldea del Dolor guardaba su ego herido colgado en una cueva. Estos egos eran versiones fragmentadas y distorsionadas de lo que alguna vez fueron, representaciones de las partes de sí mismos que no podían dejar ir, pero que tampoco podían reintegrar por completo. Eran figuras que simbolizaban dolor, arrepentimiento, orgullo herido y fe perdida.

Los habitantes sabían que estos egos eran una parte esencial tanto de su sufrimiento como de su identidad. Comprendían que no podían simplemente deshacerse de ellos y volver a ser quienes fueron. Necesitaban aceptar que estaban rotos, incompletos, y que tal vez nunca volverían a ser enteros. Pero en esa aceptación también residía la posibilidad de encontrar una nueva forma de existir, una que no dependiera de los ideales y expectativas que alguna vez los definieron.

A medida que las noches pasaban en la aldea, los habitantes continuaban enfrentándose a sus egos colgados en las cuevas, conscientes de que la verdadera sanación no vendría de recuperar lo que alguna vez fueron, sino de aprender a vivir con quienes se habían convertido.

En la Sección de los Fragmentos Rotos, cada uno emprendía un viaje hacia la aceptación, la integración de sus sombras, y la posibilidad de encontrar una paz interior en medio de la fragmentación.

Así, aunque sus egos heridos permanecían colgados en las cuevas, los habitantes de la Aldea del Dolor comenzaron a comprender que la verdadera fuerza no residía en ser completos, sino en la capacidad de seguir adelante, a pesar de las piezas que les faltaban.

El Encuentro con el Ego

Hugo no podía escapar del peso de su culpa. El divorcio había dejado una herida profunda, pero lo que realmente lo atormentaba era la culpa de haber dejado atrás a sus hijos. Esa noche, tras una interminable lucha interna, Hugo se dirigió a su cueva, sintiendo el frío familiar que envolvía ese espacio. Allí, colgado en la penumbra, estaba su ego.

El ego de Hugo, que alguna vez había sido fuerte y seguro, ahora era una figura encorvada, rota por el peso de los errores y las decisiones que lo habían llevado hasta este punto. Mirar a ese ser era como enfrentarse a la versión más vulnerable y destrozada de sí mismo, una parte que había sido despojada de toda su fortaleza.

Hugo sintió cómo se formaba un nudo en su garganta. Quería descolgar a ese ego, reintegrarlo en su ser, pero algo dentro de él lo detenía. Sabía que esa versión de sí mismo no podía ser parte de su vida actual. Aun así, la necesidad de redención lo impulsó a preguntar en voz baja, como si hablara consigo mismo:

—¿Por qué sigues aquí?

El silencio de la cueva fue roto por una voz rasgada que emanaba de su ego, una voz llena de tristeza y reproche.

—Estoy aquí porque no te has perdonado por dejar a tus hijos —susurró el ego, sus palabras como un eco que resonaba en cada rincón de la cueva.

Las lágrimas comenzaron a brotar de los ojos de Hugo. El dolor en su pecho se intensificó al escuchar esas palabras. Era un dolor que iba más allá del fracaso como esposo; era el dolor de haber fallado como padre. Sus hijos, pequeños e indefensos, habían quedado atrapados en el torbellino de sus errores. Con la mirada fija en su ego, Hugo se dejó caer de rodillas, descolgando la figura y sentándola en una silla frente a él.

—Prometimos nunca ser como mi padre —dijo Hugo entre sollozos, su voz quebrada por el arrepentimiento—. Hice todo lo que pude, pero Ana ya no me amaba.

El Ego lo miró, sus facciones distorsionadas reflejando una mezcla de desaprobación y comprensión.

—Lo prometimos —respondió el ego—. Pero no sabíamos todo lo que nos esperaba.

La respuesta del ego no alivió el dolor de Hugo. Intentó justificarse, hablar de las discusiones, del amor perdido, pero sabía que ninguna excusa podría borrar lo que sentía. Estaba roto, como su ego.

—¿Qué vamos a hacer ahora? —preguntó el ego, su voz cargada de desesperación—. No quiero morir colgado aquí, solo y olvidado.

Hugo sintió una punzada en el pecho al escuchar esas palabras. Antes de que pudiera responder, una figura familiar apareció en la entrada de la cueva: Doña Tristeza. Con su presencia melancólica pero reconfortante, Doña Tristeza los invitó a sentarse y tomar un té, un gesto simple, pero que traía consigo una profunda sensación de consuelo.

Mientras Hugo observaba a su ego, ahora sentado frente a él, sintió que algo dentro de él comenzaba a cambiar. No era un cambio inmediato ni radical, sino un pequeño rayo de luz que se filtraba a través de la oscuridad. Entendió que no podía ignorar ni olvidar su ego, pero tampoco podía dejar que lo consumiera. Tenía que aprender a convivir con él, a aceptar que esa parte rota de su ser era también parte de su historia, pero no el final de ella.

Con un suspiro, Hugo volvió a colgar a su ego en la pared, pero esta vez con una sensación más ligera.

—Está bien, Hugo. Ve a la plaza. Escucha a Doña Tristeza tocar. No es el final, solo un paso más en el camino —dijo el ego, su voz ahora más suave, casi como un susurro de esperanza.

Hugo asintió, y por primera vez en mucho tiempo, sintió que el peso en su pecho comenzaba a aliviarse. Sabía que el camino hacia la redención sería largo, pero ahora tenía la certeza de que no estaba solo. Podía aceptar su pasado sin dejar que lo definiera por completo. Con una última mirada hacia su ego, Hugo salió de la cueva, dispuesto a enfrentarse a la noche y a las melodías de Doña Tristeza, sabiendo que, aunque su ego siempre estaría allí, colgado en la penumbra, él tenía la fuerza para seguir adelante, un paso a la vez.

Un Nuevo Camino

Al día siguiente, Hugo despertó con una sensación diferente en su interior. Sabía que no podía seguir siendo el mismo. Había llegado el momento de cambiar, de trascender las sombras de su pasado. Decidió que ya no sería Hugo. Desde ese momento, se llamaría Juan de Dios, un nombre que simbolizaba su renacimiento y su deseo de buscar algo más grande, algo que superara sus errores y culpas.

Esa noche, Juan de Dios fue guiado por su ego al bosque que rodeaba la aldea, un lugar que había evitado por miedo a lo desconocido. Pero ahora, sentía que debía enfrentarse a aquello que había temido durante tanto tiempo. Caminó durante horas, adentrándose cada vez más en el bosque, hasta que llegaron a un claro donde se alzaba una estructura antigua y misteriosa: una gran puerta, rodeada de muchas más, todas diferentes entre sí.

El ego de Juan de Dios señaló la puerta central, una entrada simple pero imponente, y con voz calmada le dijo:

—Aquí encontrarás lo que buscas. Cada puerta te llevará a una parte de ti que aún no has enfrentado.

Juan de Dios respiró hondo y abrió la puerta. Dentro, encontró un vasto espacio lleno de emociones, cada una representada por una entidad única que parecía vivir en ese lugar. El miedo, la rabia, la tristeza, el arrepentimiento, todos estaban allí, esperándolo.

A medida que Juan de Dios avanzaba por el laberinto emocional, se dio cuenta de que cada emoción tenía algo que enseñarle, algo que debía aceptar y aprender a manejar. No era un proceso fácil, y en cada puerta, su ego estaba allí, guiándolo, asegurándose de que no se perdiera en el caos de sus propios sentimientos.

Finalmente, se detuvo frente a una figura alta y oscura, que lo observaba desde las sombras. Sus ojos, como dos brasas encendidas, lo atravesaban con una intensidad que lo hizo temblar. Sabía quién era, lo reconoció al instante: era el Miedo.

—Has venido —dijo el Miedo, su voz resonando como un trueno en la penumbra—. ¿Qué esperas encontrar aquí, Juan de Dios?

—Quiero entenderte —respondió Juan de Dios, con un temblor en la voz que no podía controlar—. Quiero saber por qué me has seguido durante tanto tiempo.

El Miedo se acercó lentamente, su presencia se volvía cada vez más sofocante.

—He estado contigo desde siempre, porque temes perder lo poco que te queda. Temes que tus hijos te olviden, que nunca puedas enmendar tus errores. Temes que lo que hiciste, lo que no hiciste, te persiga para siempre —el Miedo hizo una pausa, y su tono se volvió más suave, casi compasivo—. Pero el miedo, Juan de Dios, no está aquí para destruirte. Estoy aquí para protegerte, para recordarte que hay cosas en juego que no puedes ignorar.

—¿Protegerme? —repitió Juan de Dios, su voz mezclando incredulidad y curiosidad—. Pero me has paralizado, me has hecho dudar de cada paso que doy.

El Miedo asintió lentamente.

—Sí, porque así es como te mantengo seguro. Pero también es cierto que, a veces, debes avanzar a pesar de mí. No me desprecies, Juan de Dios. Aprende a escucharme, pero no permitas que te domine. Solo así podrás caminar sin dejar que yo te ate al pasado.

Juan de Dios se quedó en silencio, asimilando las palabras del Miedo. Finalmente, asintió.

—Te agradezco, pero también entiendo que no puedo dejar que me controles. Debo encontrar la forma de avanzar, aunque tú sigas presente.

El Miedo retrocedió, y en su lugar, una figura más imponente emergió de las sombras. Era la Rabia, un ser de tormentas calientes, cuyas llamas ardían con furia incontrolable.

—¡Tú! —rugió la Rabia, su voz como un vendaval—. Tú que has reprimido todo lo que sentías, que has dejado que la injusticia te consumiera sin desatarme. ¡Yo soy la fuerza que has negado durante tanto tiempo! Y creo que ha sido injusto tanto tiempo de silencio inmerecido.

Juan de Dios sintió el calor de la Rabia, su energía abrasadora lo envolvía como cuando era un niño abandonado por su padre y tenía que ser testigo del sufrimiento inminente de su madre.

—Lo sé —dijo, con una mezcla de miedo y reconocimiento—. Sé que te he rechazado, que te he temido, pero también sé que has estado ahí, guardada, lista para estallar en cualquier momento. De hecho, creo que has sido tú la culpable de que mi matrimonio no pudiera salvarse ya que no pude ver con claridad que me empujabas a ser como fue mi padre.

La Rabia lo observó con ojos llameantes.

—¿Cómo te atreves a culparme por la cobardía e impotencia de tus propios errores? Soy el fuego que arde dentro de ti, el que te da poder para luchar, para no rendirte. Pero también soy destructiva si no sabes cómo manejarme. He quemado todo a mi paso cuando me has soltado sin control. ¿Qué harás ahora, Juan de Dios? ¿Me temerás, como siempre lo has hecho?

Juan de Dios sintió la verdad en las palabras de la Rabia. Recordó los momentos en los que había permitido que su ira tomara el control, lastimando a quienes amaba, y también aquellos en los que la había reprimido, dejando que lo carcomiera por dentro.

—No —respondió finalmente, con voz firme—. No te temeré. Te aceptaré, te reconoceré. Eres parte de mí, y necesito aprender a usar tu fuerza sin dejar que me consumas. Ya no voy a huir de ti, pero tampoco permitiré que me destruyas y que me empujes a hacerle daño a las personas que amo.

La Rabia se calmó, sus llamas disminuyeron en intensidad, hasta convertirse en una suave brasa que ardía en el pecho de Juan de Dios.

—Eso es lo que necesitaba escuchar —dijo la Rabia, su voz ahora tranquila—. No soy tu enemigo, Juan de Dios. Soy una parte de ti, una que puede ayudarte a avanzar, si sabes cómo manejarme.

Juan de Dios sintió un cambio dentro de sí. El Miedo y la Rabia no eran enemigos a derrotar, sino aliados que necesitaban ser comprendidos y controlados. Con una nueva claridad, se dio cuenta de que no estaba solo en su lucha; estas emociones, aunque intensas, podían ser sus compañeras en el camino hacia la transformación personal.

Finalmente, tras horas de exploración, Juan de Dios llegó a una última puerta. Al cruzarla, se encontró en un lugar sereno, iluminado por una suave luz opaca pero brillante. Allí, por primera vez, se sintió en paz. Su Ego lo miró, ahora con una expresión serena.

—Este es el lugar donde la sanación comienza —le dijo su Ego antes de desvanecerse lentamente en el aire.

Juan de Dios se arrodilló, sintiendo cómo la paz comenzaba a llenar cada rincón de su ser. Sabía que aún quedaba mucho camino por recorrer, pero por primera vez, sintió que estaba preparado para enfrentarlo. Se había convertido en una versión mejorada de su ego.

El ego herido de Julia

Julia, tras otro día de cuidar a su hijo mientras lidiaba con el remordimiento, se encontró cara a cara con su ego en la cueva. Este ego era la encarnación de la madre que sentía que había fallado, una figura que alguna vez fue amorosa y protectora, pero que ahora estaba rota por dentro, desgastada por la culpa, incapaz de amar sin reservas. Colgaba allí, con los brazos extendidos, como si intentara alcanzar algo siempre fuera de su alcance.

Julia se consideraba una mala madre por haber tomado la difícil decisión de dejar a su hijo en su país natal para trabajar en otro país. Aunque lo hizo para asegurar el bienestar económico de su hijo, la decisión había dejado una cicatriz profunda en su conciencia. Cada día lejos de él alimentaba un remordimiento que crecía como un veneno silencioso, haciéndola prisionera de un ciclo de auto recriminación. En su mente, era una madre que había fallado, ausente en los momentos más cruciales de la vida de su hijo.

El ego herido de Julia representaba esa madre ideal que nunca pudo ser: siempre presente, siempre protectora, siempre amorosa. Pero esa versión idealizada estaba ahora deteriorada, reflejo de cómo la culpa había corroído la imagen que Julia tenía de sí misma. Su incapacidad para reconciliar su decisión con el amor profundo por su hijo la había llevado a un punto de quiebre.

Julia sintió una punzada de dolor al contemplar a su ego. Sabía que su amor por su hijo era real, pero también sabía que nunca podría ser el amor puro e incondicional que había soñado. Se acercó a la figura rota, su voz temblorosa.

—Sé que te fallé —susurró Julia—. Te abandoné cuando más me necesitabas. Pero lo hice para salvarte, para darte una vida mejor, aunque ahora entiendo el daño que mi ausencia causó.

El ego levantó la cabeza, sus ojos llenos de reproche.

—Me dejaste sola —respondió con voz quebrada—.

¿Cómo puedo estar completa cuando me abandonaste por completo?

Julia lloró, sintiendo el peso de cada palabra.

—Lo sé —dijo entre lágrimas—. Pero no puedo seguir viviendo así, arrastrando este peso. Necesito aprender a amarme, no por lo que fui, sino por lo que soy ahora.

En ese momento, apareció en la entrada de la cueva una figura inesperada: la Señora Depresión. Su rostro pálido y sus ojos cansados irradiaban una presencia abrumadora. Con un manto frío y pesado, cubrió a Julia, intensificando el peso de su dolor.

—No sé cómo seguir adelante —dijo Julia, con la voz cargada de desesperación.

La Señora Depresión la miró con un gesto sereno.

—No soy tu enemiga, Julia. Estoy aquí para que enfrentes lo que has estado evitando. Solo sintiendo plenamente tu dolor podrás liberarte.

Julia suspiró temblorosamente.

—Pero es demasiado... No sé si puedo hacerlo.

La Señora Depresión le tomó la mano.

—Sigue caminando. Yo estaré contigo hasta que estés lista para soltarme.

Julia comprendió que no podía seguir huyendo. Aceptó su dolor, su remordimiento, y empezó a caminar hacia un túnel oscuro. Al final, una luz suave comenzó a aparecer. Allí, al salir, vio a su ego esperándola con los brazos abiertos. Julia lo abrazó, sintiendo cómo sus fragmentos se unían nuevamente. No era la madre perfecta, pero estaba lista para construir un nuevo hogar, uno lleno de verdad y aceptación.

El ego fragmentado de Manín

Manín, el pastor que había perdido su fe en un océano de culpas y auto recriminaciones, se encontraba solo en su cueva, mirando su ego colgado en la pared. Este ego, que alguna vez había sido un faro de luz, ahora estaba roto, fragmentado por los juicios que Manín había impuesto tanto a otros como a sí mismo.

Sentado frente a la figura, Manín recordó al hombre que solía ser: devoto, lleno de propósito. Pero también recordó las veces en que su rigidez había causado dolor a quienes buscaban consuelo.

—Te perdí a ti, y con ello me perdí a mí mismo —dijo, con la voz quebrada—. No sé si podré encontrar la fe de nuevo, pero no puedo seguir cargando con lo que fuiste.

De las profundidades de la cueva comenzaron a surgir voces: la Culpa, la Vergüenza, la Ira. Cada una de ellas tomó forma, sombras danzantes alrededor de su ego.

—¿Por qué no puedes dejarnos ir? —preguntó la Culpa, con su voz aguda.

—Porque siento que no merezco ser libre de ustedes —respondió Manín, su voz ahogada.

—Te has olvidado de quién eres —susurró la Vergüenza, acariciando su espalda con dedos fríos.

Finalmente, la Ira rugió:

—Debes decidir, Manín. Déjanos ir y encuentra la paz.

Manín, con lágrimas en los ojos, soltó la pesada maleta que había cargado durante años. Al hacerlo, las sombras comenzaron a desvanecerse. Su ego, aún colgado, emitió un último destello de luz antes de desaparecer. Manín se quedó solo, pero esta vez la soledad no lo aterraba. Había dejado atrás el peso de su pasado y estaba listo para reconstruirse.

Sabía que el camino no sería fácil, pero con cada paso, se acercaba a una nueva fe, una basada en la compasión y la aceptación de sus errores. Manín salió de la cueva con el alma más ligera, listo para empezar de nuevo.

CAPÍTULO 12

Reflejos del Alma

En este capítulo, Kael emprende un viaje profundamente introspectivo al enfrentarse al vacío que lo ha consumido durante años. Mientras recorre los sombríos caminos de la Aldea del Dolor, siente cómo el peso de su dolor y su soledad lo llevan cada vez más cerca del colapso. En este lugar, que refleja las almas quebradas de quienes lo habitan, Kael se encuentra con un misterioso anciano que lo guía hacia una cueva llena de espejos. Allí, Kael se enfrenta a diferentes versiones de sí mismo, cada una representando una faceta de su ser que había olvidado, reprimido o perdido.

Confronta su dolor, que ha estado siempre presente, marcado por las pérdidas que nunca pudo aceptar.

Reconoce el miedo que lo ha mantenido prisionero, impidiéndole avanzar y enfrentar sus emociones. Mira de frente su soledad, esa distancia autoimpuesta que lo ha aislado del mundo. Sin embargo, también se encuentra con la esperanza, reflejada en su yo más joven, quien le recuerda que aún tiene la capacidad de soñar y de construir algo nuevo.

 Finalmente, descubre que el amor, personificado en el anciano, es la fuerza que conecta todas las partes de su ser y que siempre ha estado presente, incluso cuando él mismo no lo percibía.

A medida que Kael acepta cada una de estas emociones y versiones de sí mismo, el vacío en su interior comienza a transformarse. El dolor se convierte en aprendizaje, el miedo en coraje, la soledad en conexión, y la esperanza en una chispa renovada que le da fuerza para avanzar.

Al salir de la cueva, Kael deja atrás la Aldea del Dolor con un alma completa y un corazón lleno de amor, listo para enfrentar el futuro con una nueva perspectiva y la certeza de que, al reconciliarse consigo mismo, puede construir una vida llena de posibilidades.

Este capítulo nos recuerda que solo al enfrentarnos a nuestro interior podemos encontrar la sanación. El dolor y las emociones difíciles no deben ser ignorados, sino aceptados como parte de nuestra historia. Al reconocer todas nuestras facetas, podemos transformar el vacío en plenitud, guiados por el amor y la esperanza que siempre han estado dentro de nosotros.

Mi Alma en el Espejo

Kael caminaba lentamente por los desolados caminos de la Aldea del Dolor, sintiendo cómo el vacío en su pecho lo oprimía más con cada paso. Ese hueco, un abismo frío que se había instalado en su corazón, no era simplemente un vacío; era la ausencia de lo que alguna vez había sido su esencia, arrancada brutalmente por la vida.

La Aldea del Dolor no era solo un lugar físico, sino un reflejo sombrío de las almas que la habitaban. Las sombras dominaban cada rincón, susurrando en los oídos de quienes habían perdido su camino, alimentándose de sus penas.

Kael había convivido con ese vacío por tanto tiempo que había olvidado cómo era vivir sin él. Sin embargo, la carga se volvía más insoportable cada día, como si su propia alma estuviera a punto de colapsar bajo su peso.

Un día, mientras sus pies lo llevaban por el sendero de la desesperanza, Kael se encontró con un anciano de aspecto misterioso, cuya mirada parecía penetrar su alma herida. El anciano no necesitó palabras para comprender el tormento de Kael; sus ojos, llenos de una sabiduría profunda, revelaron que conocía cada grieta, cada herida.

—Puedo ver tu dolor, joven —dijo el anciano con voz suave pero cargada de una firmeza inquebrantable—. Ese vacío en tu corazón no es solo una herida; es un espejo.

Kael lo miró, confundido, pero también intrigado. Sus palabras resonaron en su interior, despertando algo que había estado dormido durante mucho tiempo.

—¿Un espejo? —repitió, intentando comprender el significado de sus palabras.

—Sí —asintió el anciano—, un espejo que refleja lo que tu alma ha olvidado, lo que perdiste hace mucho tiempo. Pero lo que no sabes es que aún puedes recuperarlo.

Las palabras del anciano fueron como una llave que giró en la cerradura de su alma, abriendo una puerta que Kael no había sabido que existía. Sintiendo una chispa de esperanza por primera vez en años, decidió seguir al anciano hasta una cueva a las afueras de la aldea.

Allí, las paredes estaban cubiertas de espejos que reflejaban múltiples versiones de Kael. Algunas mostraban una sonrisa perdida hace mucho tiempo; otras, un vacío que parecía consumirlo desde adentro. El anciano lo condujo a uno en particular y señaló la superficie con un gesto suave.

—Mira aquí.

Kael se acercó con cautela y lo que vio lo dejó sin aliento. En el reflejo, se encontró cara a cara consigo mismo, pero no con uno, sino con varias versiones de sí mismo que parecían coexistir dentro del espejo. Había un Kael joven, lleno de esperanza, otro herido y roto, y uno más viejo, cargado con la sabiduría que viene del tiempo y el aprendizaje.

—Ellos son tú, y tú eres ellos —dijo el anciano—. Cada versión de ti lleva un fragmento de lo que eres. Algunos reflejan lo que has perdido, otros lo que temes enfrentar, y algunos te muestran el camino que podrías recorrer si decides reconciliarte contigo mismo.

Kael miró a cada una de estas versiones de sí mismo, sintiendo el peso de lo que cada una representaba. Se acercó primero al Kael joven, cuyos ojos estaban llenos de esperanza, pero también de una tristeza contenida.

—Te recuerdo —dijo Kael con voz temblorosa—. Solías ser la parte de mí que creía en el futuro, que soñaba. Lo lamento... por haberte olvidado.

El Kael joven no habló, pero una sonrisa leve apareció en su rostro antes de desaparecer, dejando a Kael con una sensación de ternura y melancolía.

Luego se volvió hacia el Kael herido, el que reflejaba su dolor más profundo. Sus ojos estaban cansados, pero también cargados de fuerza.

—Eres el que ha cargado todo mi sufrimiento —susurró Kael—. Todo lo que he negado y reprimido está en ti. Pero no puedo seguir ignorándote. Eres parte de mí, y te acepto tal como eres.

El Kael herido asintió lentamente y, al hacerlo, Kael sintió cómo una parte de su carga se aligeraba.

Por último, Kael miró al Kael sabio, el que reflejaba una versión de sí mismo que aún no había alcanzado, pero que sabía que podía llegar a ser.

—Tú eres quien quiero ser —dijo Kael, con un nudo en la garganta—. Me pregunto si alguna vez seré lo suficientemente fuerte para convertirme en ti.

El Kael sabio sonrió y respondió por primera vez:

—La fuerza no viene de huir de lo que temes, sino de aceptarlo. Has dado el primer paso al entrar aquí. El resto del camino lo recorrerás al abrazar cada parte de ti mismo.

Kael cerró los ojos, dejando que las palabras del Kael sabio resonaran en su interior. Cuando los abrió, las versiones de sí mismo se fusionaron en un solo reflejo. Ya no había múltiples imágenes, sino una sola, completa, que lo miraba con tranquilidad desde el espejo.

El anciano lo observó en silencio, pero con una sonrisa que irradiaba compasión.

—Ahora entiendes —dijo el anciano—. La reconciliación con uno mismo no elimina las cicatrices, pero las convierte en recordatorios de todo lo que has superado. Este espejo ha mostrado quién eres realmente, pero solo tú puedes decidir quién serás.

Kael asintió, sintiendo cómo su corazón latía con fuerza por primera vez en mucho tiempo. El vacío que había cargado durante tanto tiempo parecía desvanecerse, reemplazado por una calidez que llenaba cada rincón de su ser.

Antes de que pudiera dar las gracias, el anciano se acercó y habló con una voz aún más profunda, cargada de significado.

—Antes de irte, joven Kael, debo decirte quién soy. Mi nombre es Amor.

Kael lo miró con sorpresa, sintiendo cómo la palabra resonaba en lo más profundo de su alma.

—Amor... —susurró, asimilando la verdad que había ignorado durante tanto tiempo.

— Sí, Kael. Yo soy la fuerza que une cada parte de ti. He estado contigo en cada paso, incluso cuando no supiste reconocerme. Soy el faro que ilumina tu camino hacia ti mismo y hacia los demás. Estoy aquí, siempre, para recordarte que no estás solo, que dentro de ti existe la capacidad infinita de amar y ser amado.

El amor, Kael, es la clave. Es el puente entre las partes divididas en ti mismo, la energía que te completa y te da paz. Ama cada versión de ti mismo, porque cada una cuenta una parte de tu historia. Reconoce al que fuiste, con sus errores y aprendizajes. Honra al que eres ahora, con sus luchas y sus logros. Y confía en el que serás, porque estás creciendo y transformándote constantemente. Solo cuando abrazas cada versión de ti mismo, sin juicios ni reproches, puedes encontrar la verdadera paz en el presente.

El amor no es un regalo que das o recibes, es una fuerza que habita en ti y que crece cuando la cultivas con honestidad y compasión. No hay camino hacia la plenitud sin amor propio, porque es esa chispa en tu interior la que da vida a todo lo que compartes con el mundo. Es entender que todo lo que has vivido, incluso tus momentos más difíciles, te ha traído hasta aquí, al lugar donde puedes decidir amarte tal como eres.

Recuerda, Kael, que cada acto de amor hacia ti mismo es también un acto de amor hacia los demás. Cuando te amas, inspiras, conectas y creas un espacio en el que el amor fluye libremente. Y en ese flujo, en esa unión, es donde encontrarás la paz y la totalidad que siempre has buscado.

Nunca olvides: el amor no te abandonará. Está aquí, contigo, esperando que lo reconozcas y lo abraces, porque esa es tu verdadera esencia.

Kael, con su corazón ahora lleno de una calidez renovada, salió de la cueva. Dejó atrás la Aldea del Dolor, listo para descubrir un mundo lleno de posibilidades, donde cada paso estaría guiado por la fuerza del Amor que siempre había llevado dentro de sí.

CAPÍTULO 13

Renacer del Dolor

En este capítulo, Teresa y Marcos se enfrentan a las secuelas de una tragedia devastadora que ha destruido su hogar y fracturado su relación.

Ambos están atrapados en un ciclo de dolor y desconfianza, cargando con el peso de sus culpas y pérdidas.

En medio de la desesperación, encuentran una guía inesperada en Kael, un hombre que ha recorrido un camino similar y ha logrado emerger de sus propias sombras. A través de su experiencia y de su conexión con el amor, Kael les ayuda a confrontar sus emociones más oscuras, ofreciendo una luz de esperanza en su camino hacia la sanación y la redención.

De Regreso a Mi Ruina

El temblor de la tierra resonaba como un cruel eco del caos que Teresa llevaba dentro. Mientras se arrastraba entre los restos de lo que una vez llamó hogar, la realidad la golpeaba con la brutalidad de lo irreversible. El edificio que había sido su refugio, el espacio donde los sueños se tejieron con hilos de esfuerzo y esperanza, ahora yacía reducido a escombros, como si nunca hubiera sido. Cada fragmento disperso en el suelo contaba la historia de la vulnerabilidad de las cosas que amamos y creemos eternas.

Sin embargo, el verdadero colapso no estaba en las piedras rotas ni en los muros caídos, sino en el abismo silencioso que crecía dentro de ella. Ahí, en su interior, los recuerdos y promesas tambaleaban, luchando por sobrevivir a la devastación que los envolvía. Teresa, arrodillada en medio del desastre, no podía decidir qué pesaba más: la pérdida tangible de lo que había construido o la intangible de lo que había soñado.

Teresa no estaba herida solo en su cuerpo; su alma había sido desgarrada, abriéndose un abismo de dolor que ningún médico podría sanar.

Los recuerdos de sus hijos, de sus risas y voces, la asediaban como fantasmas, llenando cada rincón de su mente con un eco de lo que una vez fue. La desesperación se asentaba en su pecho como una marea oscura e implacable, arrastrándola hacia una profundidad que parecía no tener fin. Cada aliento era una lucha por no ahogarse en el océano de tristeza que amenazaba con consumirla.

Fue en medio de este caos, con el polvo aún suspendido en el aire como testigo mudo de la tragedia, cuando Teresa escuchó un ruido cercano. Alzó la mirada con esfuerzo y vio una figura emerger entre los escombros. Era Marcos, su esposo, cubierto de polvo y con la mirada vacía, pero lo que más le impactó fue el rastro de culpa profunda en sus ojos. En ese instante, Teresa sintió un alivio fugaz al verlo con vida, una chispa de esperanza en medio de la oscuridad, pero esta fue rápidamente sofocada por una oleada de ira y confusión. La pregunta que se había formado en su mente desde el instante en que la tierra comenzó a sacudirse y su mundo se derrumbó, ahora la atormentaba como una espina envenenada: "¿Dónde estabas?"

Su voz, quebrada por el dolor y la acusación, salió entrecortada. Marcos, sorprendido por la pregunta, tardó en responder, y cuando lo hizo, sus palabras estaban cargadas de una tristeza profunda. Sus ojos reflejaban no solo el peso de la tragedia reciente, sino también el de todas las decisiones equivocadas que habían desgastado su matrimonio. La pregunta de Teresa no se refería solo al momento del terremoto, sino a los meses de distancia, a las noches de ausencia, y a la traición que había mancillado su relación. Marcos había estado inmerso en una infidelidad cuando la tragedia golpeó, un acto que ahora lo atormentaba más que nunca, porque en su corazón sabía que había perdido mucho más que una casa.

—Estaba… estaba fuera, Teresa… Lo siento tanto —susurró, su voz cargada de arrepentimiento, como si cada palabra fuera un golpe en la devastación que los rodeaba.

Teresa lo miró, sintiendo cómo la ira y el dolor se entrelazaban en su interior, como dos serpientes que luchaban por abrirse camino hacia la superficie. Sus hijos habían estado en la casa, en sus habitaciones, mientras Marcos estaba lejos, atrapado en una traición que ahora parecía insignificante frente a la magnitud de lo que habían perdido. Las lágrimas comenzaron a correr por su rostro sucio, marcando su piel como ríos de desesperanza. No solo lloraba por la pérdida de sus hijos, sino también por la traición del hombre que había sido su refugio, su compañero en la tormenta de la vida.

Marcos se acercó a ella, sus ojos llenos de lágrimas, pero Teresa dio un paso atrás, incapaz de soportar el contacto, incapaz de aceptar el consuelo de quien había destruido la confianza que una vez los unió.

—No puedo... no puedo creerlo —murmuró, con la voz quebrada y el alma destrozada.

Ambos estaban rotos, heridos de una manera que ninguna palabra, ninguna disculpa, podría sanar en ese momento.

La Invitación de Doña Vida

Fue entonces cuando una figura apareció entre el polvo flotante, trayendo consigo una calma que contrastaba con el caos que los rodeaba. Doña Vida, una mujer con una presencia imponente y ojos llenos de una compasión que parecía infinita, se acercó a ellos con pasos suaves, casi etéreos, como si flotara sobre los escombros. En sus manos, sostenía una carta abierta, con los nombres de Teresa y Marcos escritos en un trazo elegante, cada letra un susurro de esperanza en medio de la devastación.

—Veo que han sobrevivido a la tragedia, pero también veo que llevan dentro un dolor que los consume —dijo Doña Vida, su voz cálida y reconfortante en medio de la desolación—. He venido a ofrecerles una oportunidad.

Marcos y Teresa la miraron con confusión, pero también con una chispa de esperanza, una luz débil pero persistente que se encendía en lo más profundo de sus corazones heridos. Doña Vida les extendió la carta, un gesto simple pero que parecía contener la promesa de un futuro diferente, un camino que podrían tomar si tenían la valentía de hacerlo.

—Esta es una invitación para unirse al grupo de sobrevivientes que están dispuestos a enfrentar su dolor y encontrar un camino hacia la sanación. Un autobús los espera para llevarlos a la Aldea del Dolor, un lugar donde las emociones más oscuras cobran vida, pero también donde pueden aprender a confrontarlas y superarlas.

Teresa tomó la carta con manos temblorosas y la leyó en silencio. Cada palabra era clara, directa, y en lo más profundo de su ser, sabía que necesitaban ese viaje, aunque la perspectiva la asustara. Marcos, a su lado, asintió en silencio, sintiendo que no podían seguir adelante si no enfrentaban lo que habían vivido, lo que se habían hecho mutuamente, y lo que ambos habían perdido.

—Es un camino difícil, pero uno que deben recorrer si desean encontrar paz en medio de tanta tormenta —continuó Doña Vida—. Pueden elegir venir conmigo o quedarse aquí, pero sepan que la verdadera sanación solo comienza cuando enfrentamos nuestras peores heridas.

Teresa miró a Marcos, su rostro aún marcado por el dolor y la desconfianza, pero en su mirada también había una resolución que no había estado allí antes. A pesar de todo, a pesar de lo que habían hecho y lo que habían perdido, sabían que no podían permanecer en las ruinas de su vida anterior.

—Vamos —dijo Teresa con voz firme, aunque quebrada. Marcos, con el alma llena de arrepentimiento, tomó su mano, sabiendo que el camino sería largo y doloroso, pero también sabiendo que era el único camino hacia la redención, hacia un futuro que no podían permitirse perder.

El Viaje a la Aldea del Dolor

Juntos, caminaron hacia el autobús que los esperaba al final del camino, un vehículo antiguo pero robusto, que ya estaba lleno de otros sobrevivientes. Subieron en silencio, tomaron asiento uno al lado del otro, y mientras el autobús comenzaba a moverse, ambos miraron hacia adelante, conscientes de que estaban dejando atrás no solo los escombros de su hogar, sino también los de su relación. Aunque su futuro era incierto, sabían que no podían volver atrás, y por primera vez en mucho tiempo, se aferraron a la posibilidad de un nuevo comienzo, un renacer que se intuía en el horizonte.

Con el polvo del terremoto aún impregnado en sus ropas y corazones, Teresa y Marcos subieron al autobús conducido por Doña Vida. El viaje fue silencioso, cada kilómetro recorrido los sumergía más en sus propios pensamientos, en su dolor, en la magnitud de lo que habían perdido y en el miedo a lo que aún estaba por venir. Teresa apretaba la carta que les entregó Doña Vida, aferrándose a ella como a un salvavidas en un mar tempestuoso, mientras Marcos contemplaba el paisaje oscuro que pasaba rápidamente por la ventana, intentando procesar la magnitud de la pérdida que lo había convertido en una sombra de lo que alguna vez fue.

El autobús avanzaba por un camino sinuoso y cada vez más estrecho, alejándose del mundo real, del mundo conocido, para adentrarse en un lugar donde las emociones parecían cobrar vida, donde la realidad se entremezclaba con los miedos más profundos y las esperanzas más frágiles.

Desde su asiento al volante, Doña Vida los observaba a través del espejo retrovisor, consciente de que el viaje que estaban a punto de emprender sería más emocional que físico, más una travesía del alma que un simple desplazamiento de cuerpos.

Finalmente, el autobús se detuvo en la entrada de la Aldea del Dolor, un lugar donde la atmósfera era densa, donde el aire parecía estar cargado de las emociones no resueltas de quienes lo habitaban. Cada rincón de la aldea vibraba con una energía extraña, como si las paredes y las calles susurraran los lamentos de aquellos que habían pasado por allí antes, dejando tras de sí un rastro de dolor y esperanza entrelazados.

La Cueva de los Matrimonios Destruidos

Al bajar, Teresa y Marcos fueron recibidos por Don Tiempo, una figura alta y delgada, cuya presencia imponente estaba suavizada por una tranquilidad que parecía haber sido forjada en la eternidad. Don Tiempo tenía una mirada transmitía la sabiduría de alguien que había visto pasar innumerables vidas y sus tribulaciones, que había sido testigo de la fugacidad de la alegría y la profundidad del sufrimiento.

Don Tiempo los saludó con una leve inclinación de cabeza, un gesto cargado de una solemnidad respetuosa, y les pidió que le entregaran la carta que recibieron de Doña Vida. Teresa, aun temblando, entregó la carta. Don Tiempo la examinó con cuidado, asintió en señal de comprensión, y les indicó que lo siguieran, sin decir una palabra más.

—Es hora de enfrentarse a lo que han estado cargando —dijo con voz profunda, su tono resonando en el aire como el eco de una campana antigua. A su alrededor, la aldea parecía respirar, viva con las emociones de quienes habían caminado por esos mismos senderos antes, dejando sus huellas invisibles en cada piedra, en cada rincón.

Teresa y Marcos caminaban juntos, cargando una bolsa grande de tela que Teresa había llenado con las pocas cosas rescatadas de los escombros tras el terremoto. Aunque era solo una bolsa, su peso se sentía descomunal, pues en ella no solo llevaban objetos, sino también las culpas, miedos y pérdidas acumuladas a lo largo de su relación.

Además de la bolsa, cada uno cargaba dos mochilas: las suyas propias y una de sus dos hijos fallecidos. Estas mochilas no contenían solo pertenencias físicas, sino también los recuerdos, sueños y esperanzas que una vez compartieron como familia. Ahora, esas esperanzas parecían marchitas, como flores olvidadas en un jardín que el tiempo había cubierto de polvo y silencio.

Don Tiempo los condujo a una cueva en la ladera de una montaña sombría, un lugar designado para aquellos cuyo matrimonio había sido destruido por las tormentas de la vida. Al llegar a la entrada de la cueva, Don Tiempo se detuvo y les indicó que dejaran sus cargas fuera antes de entrar, como un ritual necesario para comenzar el proceso de sanación.

Con el corazón pesado, Teresa y Marcos colocaron la bolsa de tela en el suelo, sintiendo que estaban dejando atrás una parte de sí mismos, una parte que había sido definida por el dolor y la pérdida. Luego, con lágrimas en los ojos, colocaron las mochilas de sus hijos junto a la bolsa. Este acto fue como dejar atrás lo último que los conectaba con ellos, pero también sabían que no podían seguir adelante si continuaban cargando ese peso, un peso que amenazaba con arrastrarlos al abismo del que intentaban escapar.

Don Tiempo recogió la bolsa de tela y las mochilas con una expresión solemne.

—Lo que dejan aquí no se pierde —les dijo—, pero ya no les servirá de la misma manera. Han dado el primer paso hacia un nuevo camino.

La Cueva de los Matrimonios Destruidos

La cueva en la que Teresa y Marcos fueron instalados era oscura y fría, un lugar desprovisto de cualquier comodidad, como si sus paredes y su suelo fueran una metáfora de la crudeza de su situación. No había camas, solo el suelo de roca y la fría realidad de sus circunstancias, una realidad que los envolvía con la inclemencia de la verdad. La única fuente de luz provenía de una pequeña abertura en la parte superior de la cueva, por donde se filtraba una luz sutil, casi fantasmal, que apenas iluminaba el espacio, dejando la mayor parte de la cueva sumida en sombras profundas.

El ambiente era opresivo, cargado de una energía pesada, como si las emociones no resueltas de aquellos que habían estado allí antes aún persistieran en el aire, impregnando cada rincón con su desesperación.

Teresa y Marcos se sentaron en el suelo, sus cuerpos agotados tanto física como emocionalmente. La ausencia de camas o cualquier comodidad hacía que la crudeza de su situación fuera aún más palpable, como si la cueva quisiera despojarlos de todo, dejándolos solo con su dolor y la necesidad urgente de confrontarlo.

Las paredes de la cueva parecían moverse con vida propia, resonando con las emociones reprimidas que habían traído consigo. La Desconfianza fue la primera en manifestarse, una sombra oscura que se deslizó entre ellos, susurrando dudas y miedos al oído, recordándoles cada mentira, cada traición que había envenenado su relación. La figura creció en tamaño y presencia, alimentándose del resentimiento y las inseguridades que ambos habían acumulado, como un monstruo que se nutría de sus peores temores.

Luego, apareció el Arrepentimiento, una figura ligera pero cargada de un peso insoportable. Se cernía sobre ellos, llenando la cueva con recuerdos de decisiones equivocadas, de momentos en los que permitieron que el orgullo y el egoísmo los alejaran.

Teresa sintió cómo cada error y cada oportunidad perdida la golpeaban con fuerza, mientras Marcos era abrumado por la culpa de sus infidelidades y la ira que lo consumió en el pasado. Cada uno de ellos enfrentaba a sus propios temores, a las sombras de sus decisiones pasadas, que ahora los acorralaban en la penumbra.

Estas sombras los envolvieron, llenando el espacio con una oscuridad casi tangible. En medio de esta opresión, surgió una luz suave y cálida: la Esperanza. Esta figura era más sublime y brillaba con una luz reconfortante que penetraba la oscuridad, como un faro en medio de una tormenta. La Esperanza no era imponente como las otras emociones, pero su presencia era constante, un recordatorio de que, a pesar de todo el dolor, aún existía la posibilidad de un nuevo comienzo, una oportunidad para redimirse y sanar.

Teresa y Marcos se aferraron a esta luz, conscientes de que la Esperanza era lo único que podía guiarlos a través de la oscuridad que los rodeaba. Con gran esfuerzo, comenzaron a hablar, compartiendo sus dolores, sus miedos y sus arrepentimientos de una manera que no lo habían hecho en mucho tiempo.

La sinceridad y el dolor compartido actuaron como un bálsamo, debilitando las sombras que los acosaban, permitiéndoles respirar con un poco más de libertad, como si cada palabra pronunciada fuera una liberación.

Finalmente, la cueva se calmó. Las sombras se desvanecieron, dejando un silencio pesado pero pacífico. La luz de la Esperanza permaneció, iluminando suavemente el espacio frío y oscuro. Teresa y Marcos, agotados, pero con una renovada determinación, se abrazaron en el suelo de la cueva, conscientes de que habían dado el primer paso hacia la sanación. Sabían que el camino por delante sería largo y lleno de desafíos, pero por primera vez en mucho tiempo, sentían que no estaban completamente perdidos, que había un camino hacia la luz, aunque aún no lo pudieran ver con claridad.

La cueva, aunque aún fría y vacía, ya no se sentía tan opresiva. En la soledad de la noche, Teresa y Marcos encontraron en su abrazo la fuerza para seguir adelante, decididos a reconstruir lo que había sido destruido, sabiendo que, aunque las sombras siempre estarían cerca, mientras siguieran abrazando la Esperanza, podrían enfrentarlas juntos. El futuro era incierto, pero en ese momento, la incertidumbre no les asustaba tanto, porque sabían que no estaban solos en su lucha, que tenían la posibilidad de sanar y encontrar un nuevo comienzo.

Kael. Un Guía para la Sanación

Kael, ahora completo y con su alma restaurada, se encontraba en la entrada de la Aldea del Dolor. Este lugar había sido su refugio, pero también su prisión. Kael no siempre había sido un guía para otros; su propio viaje hacia la sanación fue largo y doloroso. Antes de llegar a la aldea, Kael había sido un hombre consumido por el rencor y la pérdida. Su vida había estado marcada por una tragedia similar a la de Teresa y Marcos: la muerte de su familia en un accidente que él se culpaba por no haber podido evitar. Durante años, había sido un hombre roto, perdido en un laberinto de autodestrucción, hasta que llegó a la Aldea del Dolor, un lugar donde finalmente pudo enfrentar sus propios miedos y encontrar la paz que tanto anhelaba.

Estaba a punto de dejar atrás ese lugar, de marcharse para siempre, cuando vio a lo lejos a Teresa y Marcos, caminando juntos hacia la cueva de los matrimonios destruidos. Algo en su mirada lo detuvo, y una extraña conexión se formó en su mente, como si sus almas estuvieran unidas por un hilo invisible. Reconoció en ellos un sufrimiento similar al que él mismo había experimentado, una lucha interna que él había logrado superar, pero que aún los mantenía a ellos atrapados en sus redes.

Supo que su viaje aún no había terminado. Kael sintió que debía compartir lo que había aprendido, ayudar a aquellos que, como él, estaban atrapados en un ciclo de dolor y autodestrucción, un ciclo que solo podía romperse con valentía y compasión. Sin pensarlo más, decidió regresar a la Aldea del Dolor, pero esta vez, no como un habitante más, sino como alguien que había superado el vacío y quería guiar a otros hacia la sanación, hacia un lugar donde pudieran encontrar la paz que él había logrado alcanzar.

Al llegar a la cueva, Kael se encontró con Don Tiempo. El anciano lo observó con sabiduría en sus ojos, como si ya supiera por qué había regresado, como si pudiera leer en su mirada la determinación y el propósito que lo impulsaban.

—Has regresado —dijo Don Tiempo—, pero ahora con un propósito diferente.

Kael asintió, su mirada firme, sus palabras cargadas de una convicción que nacía del dolor superado.

—He encontrado mi camino, pero quiero ayudar a otros a encontrar el suyo. Teresa y Marcos... siento que puedo ayudarlos.

Don Tiempo lo guio hacia la cueva, donde Teresa y Marcos estaban comenzando a enfrentarse a sus sombras, luchando con sus propios miedos internos. Kael entró y se sentó con ellos, compartiendo su historia, sus luchas y cómo logró superar las emociones que lo consumían, las mismas que ahora los acosaban a ellos.

Kael tomó un respiro profundo antes de comenzar su relato.

—Mi nombre es Kael, y como ustedes, alguna vez fui un hombre perdido en el dolor. Mi vida fue devastada por la pérdida de mi familia en un accidente. Me culpé durante años, permitiendo que el rencor y la tristeza me consumieran. Mi alma estaba rota, y cada día que pasaba, me hundía más en un abismo que creía interminable. Llegué a esta aldea, no para sanar, sino para esconderme de mi propia miseria. Aquí, enfrenté mis miedos, mi soledad, mi rabia. Pero nada de eso me trajo paz… hasta que conocí a un anciano, alguien que se presentó ante mí como Amor.

Kael miró a Teresa y Marcos, sus ojos reflejando la gravedad de sus palabras.

—Amor me enseñó que la sanación no se encuentra en el olvido, ni en la negación del dolor, sino en la aceptación. Me mostró que el amor, verdadero y puro, no es solo una emoción, sino una fuerza que nos guía, que nos conecta con lo que realmente somos. Amor me ayudó a ver que dentro de mí había más que dolor, que el amor que sentía por mi familia, por la vida, seguía allí, enterrado bajo capas de resentimiento y culpa. Me ayudó a desenterrar ese amor, a dejar que me guiara fuera de la oscuridad. Fue entonces cuando entendí que el amor no solo sana, sino que también nos transforma.

Marcos, profundamente conmovido, habló con una voz temblorosa.

—¿Y cómo… cómo podemos encontrar ese amor dentro de nosotros, cuando todo lo que sentimos es dolor?

Kael sonrió suavemente.

—El amor siempre ha estado ahí, Marcos. Incluso ahora, en este momento de desesperación. Está en el simple hecho de que ambos han sobrevivido, en el hecho de que, a pesar de todo, están aquí, juntos. El dolor que sienten es real, pero también lo es la capacidad de amar que aún tienen. Lo que deben hacer es mirar más allá del dolor, aceptar que forma parte de su viaje, pero no define quiénes son. Deben permitirse sentir, sin miedo, sin juicio, y dejar que el amor los guíe hacia la sanación.

Teresa asintió lentamente, sintiendo que las palabras de Kael resonaban en lo más profundo de su ser.

—No será fácil —continuó Kael—. El camino hacia la sanación nunca lo es. Pero si se permiten a sí mismos amar, a pesar del dolor, a pesar de la pérdida, descubrirán que ese amor tiene el poder de curar las heridas más profundas. Y cuando lo hagan, no solo encontrarán paz, sino también una nueva fuerza para enfrentar lo que venga.

Kael hizo una pausa, dejando que sus palabras penetraran en lo más profundo de Teresa y Marcos. Luego, con una mirada llena de determinación, concluyó:

—Estoy aquí para ayudarlos a encontrar ese camino, para caminar a su lado si lo necesitan. Juntos, podemos superar las sombras que los acechan, y renacer del dolor que los ha mantenido prisioneros.

El Renacimiento

Juntos, los tres se comprometieron a seguir adelante, sabiendo que, aunque el dolor y las sombras eran parte de la vida, también lo eran la esperanza y la redención.

 La Aldea del Dolor, una vez un lugar de desesperación, comenzó a transformarse en un refugio de sanación, donde las almas perdidas podían encontrar un nuevo comienzo, donde los corazones rotos podían ser reparados y donde las cicatrices se convertían en recordatorios de la fuerza adquirida.

Kael, Teresa y Marcos salieron de la cueva, no como individuos rotos, sino como seres completos y dispuestos a enfrentar el futuro con valentía, con la certeza de que, aunque el camino no sería fácil, ahora tenían la fuerza para enfrentarlo, y juntos, estaban listos para renacer del dolor. Caminaban lado a lado, con la luz de la Esperanza guiándolos, conscientes de que el pasado no podía ser cambiado, pero el futuro aún estaba por escribirse, y esta vez, lo harían con la tinta de la valentía, la compasión y el amor renovado.

En ese instante, el sol comenzó a despuntar en el horizonte, sus primeros rayos atravesando la aldea, bañando todo con una luz dorada que simbolizaba un nuevo amanecer. Para Teresa, Marcos y Kael, ese amanecer no era solo el comienzo de un nuevo día, sino el comienzo de una nueva vida, una vida que, aunque marcada por las cicatrices del pasado, estaba llena de la promesa de un futuro mejor, de un futuro donde, finalmente, podrían encontrar la paz.

CAPÍTULO 14
La Asamblea Bajo las Estrellas

En este capítulo, los habitantes de la Aldea del Dolor son guiados por el Príncipe de Luz, Doña Sabiduría y el Amor hacia la cima de una montaña, donde se enfrentan a sus emociones más oscuras bajo un cielo estrellado. La revelación central es que la luz que tanto anhelan reside en su interior, y que esta conexión con el Amor, la Sabiduría y la Luz es lo que les permitirá transformar su dolor en esperanza.

A medida que los líderes emocionales de la aldea —el Señor Dolor, la Señora Tristeza, la Señora Frustración, el Señor Rechazo y la Señora Depresión— comienzan a comprender su verdadera naturaleza, reciben un regalo de cada uno de los tres guías y abren sus ojos para ver la luz en medio de la oscuridad. Además, cada aldeano recibe tres bolsitas especiales con regalos de Amor, Sabiduría y el Príncipe de Luz, que los acompañarán en su camino hacia la sanación.

La aldea se embarca en un viaje directo a la transformación personal.

Bajo las Estrellas

La noche había caído, envolviendo la Aldea del Dolor en una oscuridad tranquila pero pesada. El Príncipe de Luz, Doña Sabiduría y el Amor guiaron a los habitantes hacia la cima de una montaña cercana, un lugar desde donde la aldea se veía pequeña y distante, casi como si perteneciera a otro mundo.

El camino era empinado, y el único sonido que acompañaba sus pasos era el crujido de las hojas bajo sus pies y el susurro del viento entre los árboles.

Al llegar a la cumbre, encontraron un claro rodeado de altos pinos. El cielo, despejado y lleno de estrellas, se extendía sobre ellos, ofreciendo una visión impresionante y llena de serenidad. La oscuridad que cubría la aldea hacia que las estrellas brillaran aun con más intensidad. El aire fresco traía consigo una claridad que contrastaba con las emociones confusas que habían dejado en la aldea.

El Príncipe de Luz, con su figura alta y de piel oscura, se detuvo al borde del claro, mirando hacia la aldea apenas visible en la penumbra.

—Los he traído aquí esta noche —comenzó, su voz profunda resonando en la quietud— para que podamos ver más allá del dolor que ha gobernado nuestras vidas. Desde aquí, la aldea parece pequeña, sus problemas insignificantes. Pero todos sabemos que allá abajo, ese dolor es real y pesado. Lo hemos sentido todos.

Doña Sabiduría, con su presencia tranquila a su lado, añadió:

—No estamos aquí solo para hablar de ese dolor, sino para imaginar un futuro diferente. Un futuro donde la esperanza no sea solo un sueño, sino una realidad que podamos alcanzar juntos.

El Amor, con su semblante sereno y su voz cálida, se adelantó y dijo:

—Esta noche, queremos ofrecerles más que palabras. Queremos darles algo que les ayudará a ver en medio de la oscuridad, algo que les recordará que la luz siempre ha estado dentro de ustedes.

Las Luces en la Oscuridad

El Príncipe de Luz alzó la vista hacia el cielo estrellado.

—Miren las luces —dijo suavemente—. Cada una de ellas representa una posibilidad, un camino que aún no hemos explorado. Quiero que cada uno de ustedes elija una luz y la siga con su mirada. Permitan que les guíe.

Los habitantes, siguiendo sus instrucciones, levantaron la vista hacia el cielo. Poco a poco, las luces comenzaron a moverse, conectándose en patrones que formaban imágenes en el firmamento. Los ojos de los aldeanos se llenaron de asombro al ver escenas de un futuro que hasta ese momento no habían podido imaginar.

Mientras contemplaban el cielo, se dieron cuenta del gran contraste entre el firmamento lleno de estrellas brillantes y la densa oscuridad que reinaba cuando miraban hacia abajo. El lugar donde habitaban se tornaba invisible en la negrura, sólo percibían sombras y tinieblas.

El Príncipe de Luz se acercó a Adira y le dijo:

—Mira hacia abajo, a tu aldea, y dime qué ves.

Adira respondió:

—Solo veo oscuridad.

Él la miró con serenidad y dijo:

—No te detengas aquí, vuelve a mirar.

En ese momento, el Príncipe alzó la vista hacia el cielo y fue como si una estrella descendiera sobre ellos, emitiendo un resplandor tan intenso que cegó momentáneamente a todos los presentes. Luego, el Príncipe le indicó a Adira:

—Vuelve a mirar.

Ella, obediente, volvió la mirada hacia abajo y, de repente, sus ojos pudieron vislumbrar un futuro. Fue entonces cuando vio algunas luces encendidas sobre la aldea, pequeñas pero vibrantes, como si anticiparan lo que estaba por venir.

Adira, una joven de 15 años, y su amigo Asier, de 14, miraron juntos hacia el cielo. Sus ojos se abrieron con asombro mientras veían cómo las luces dibujaban un sendero luminoso que descendía desde la montaña hasta la aldea.

—¿Lo ves, Asier? —susurró Adira, sin apartar la vista del cielo—. Veo una aldea diferente... una aldea donde los niños ya no tienen que cargar con el dolor de los adultos, donde podemos ser nosotros mismos y no lo que otros esperan que seamos.

Asier, con los ojos llenos de esperanza, señaló otra luz que comenzaba a formarse.

—Adira, veo un lugar donde los adultos no dependen de nosotros para todo, donde podemos vivir sin ese peso constante. Veo a los padres trabajando y sonriendo, como deberían haberlo hecho siempre para criar a sus hijos con amor.

El Príncipe de Luz, observando su emoción, se acercó a ellos y les habló con ternura:

—Ese futuro que ven es posible, Adira y Asier. Pero depende de todos nosotros hacer que se convierta en realidad. La aldea puede transformarse, pero necesitamos el valor para dar ese primer paso.

Las Voces de los Líderes

El Señor Dolor, quien siempre había sido una figura imponente, observó las luces y habló con una voz que esta vez sonaba más suave.

—He guiado a esta comunidad a través del sufrimiento porque creía que era la única manera de avanzar. Pero ahora, al ver estas imágenes, me doy cuenta de que tal vez hemos estado atrapados en ese sufrimiento demasiado tiempo. He comprendido que el dolor nos ha cegado y nos ha hecho olvidar lo que significa realmente vivir.

Doña Sabiduría, con una expresión comprensiva, respondió:

—El dolor es un maestro, pero no debe ser nuestro destino final. Nos enseña, pero no debe definirnos para siempre. Tal vez sea hora de que dejemos de lado el control y permitamos que los demás encuentren su propio camino hacia la sanación.

El Amor se acercó al Señor Dolor y, con una sonrisa llena de compasión, extendió su mano.

—Dolor, tú has sido un compañero constante, pero también eres la llave que puede abrir la puerta a una nueva vida. Te ofrezco este regalo, un simple cristal que contiene una llama eterna. Esta llama simboliza el amor que siempre arde, incluso en medio del sufrimiento. Cuando sientas que el mal es abrumador, mira esta luz y recuerda que el amor puede suavizar incluso las heridas más profundas.

El Señor Dolor tomó el cristal con reverencia, sintiendo su calidez extenderse por su cuerpo. Por primera vez, sus ojos se llenaron de lágrimas, no de tristeza, sino de una extraña mezcla de alivio y esperanza.

La Señora Tristeza, con los ojos llenos de lágrimas, habló en voz baja.

—He vivido tanto tiempo en la sombra, creyendo que evitar la alegría era la única manera de protegernos del sufrimiento. Ahora veo que al hacer eso, hemos apagado la luz en nuestras vidas, y nos hemos privado de la posibilidad de encontrar algo de felicidad. Me duele saber que he contribuido a esa oscuridad.

La Señora Frustración, siempre junto a Tristeza, añadió:

—He visto tantas oportunidades desperdiciadas, tanta energía dirigida hacia el sufrimiento en lugar de hacia algo mejor. Nos hemos quedado atrapados en un ciclo de desesperanza y al hacerlo, hemos olvidado cómo es sentir la paz. Hoy me doy cuenta de que he estado alimentando un fuego que solo consume nuestras esperanzas.

El Príncipe de Luz intervino con una voz firme pero amable.

—La tristeza y la frustración tienen su lugar, pero no deben ser lo único que guíe nuestras vidas. Podemos aprender a convivir con ellas sin dejar que dominen cada decisión. ¿Están dispuestas a explorar esa posibilidad con nosotros?

Ambas mujeres asintieron lentamente, comprendiendo que era hora de dejar ir sus viejas maneras de pensar.

Doña Sabiduría se acercó a la Señora Tristeza y la Señora Frustración, entregándoles a cada una un espejo pequeño, pero brillante.

—Este espejo no refleja solo lo que está frente a él, sino lo que hay dentro de ti. Cada vez que te sientas abrumada, mírate en este espejo y recuerda que dentro de ti hay luz, una luz que nunca se extingue. Permite que esa luz guíe tus acciones, no la sombra que proyectan tus miedos.

Al sostener los espejos, ambas mujeres vieron no solo sus reflejos, sino también la chispa de esperanza que aún brillaba en sus ojos. Era un recordatorio de que podían ser más que emociones, que podían elegir un camino diferente para guiar a otros.

El Señor Rechazo y la Señora Depresión

El Señor Rechazo, cuya voz siempre había sido fuerte y autoritaria, habló ahora con un tono de duda.

—He mantenido a estos niños en su lugar porque creía que era su responsabilidad cargar con el peso de sus padres. Pero al ver lo que hemos creado, me pregunto si realmente es justo. Me doy cuenta de que he sido injusto y que, al imponer estas cargas, les he negado su derecho a ser niños. ¿Cómo podemos liberar a alguien de una carga que han llevado toda su vida, una carga que nunca les correspondió?

Doña Sabiduría respondió con suavidad:

—El primer paso para liberar a alguien es reconocer que esa carga nunca debió haber sido suya. Estos niños merecen ser niños, no bestias de carga para los errores de los adultos. Debemos dejarles ser quienes son, sin imponerles el peso de nuestras culpas, vergüenza y vicios.

El Príncipe de Luz se acercó al Señor Rechazo y le entregó una llave color bronce.

—Esta llave no abre puertas físicas, sino las del corazón. Con esta llave, puedes abrir los corazones de aquellos a quienes has herido, pero solo si estás dispuesto a abrir primero el tuyo. Debes permitir que el amor y la comprensión entren, y solo entonces podrás liberar a los demás de las cadenas que les has impuesto.

El Señor Rechazo sostuvo la llave con manos temblorosas, sintiendo su peso simbólico. Sabía que esta era la oportunidad de redimirse, de comenzar a sanar las heridas que había infligido, tanto en los demás como en sí mismo.

La Señora Depresión, que había susurrado palabras de desesperanza durante tanto tiempo, bajó la mirada.

—He sido parte de la oscuridad que los ha mantenido atrapados. He sido el eco constante de sus peores temores. Pero ahora veo que tal vez hay otra manera, una en la que no necesitemos controlar a través del dolor. He visto lo que sucede cuando nos aferramos al sufrimiento: nos encadenamos a nosotros mismos y a los que nos rodean. Quiero aprender a soltar esas cadenas, para que todos podamos encontrar una salida.

El Amor se acercó a la Señora Depresión y le ofreció un pañuelo de seda blanco.

—Este pañuelo es un símbolo de la ternura y la compasión que te has negado a ti misma. Úsalo para secar tus lágrimas, pero también para recordar que puedes consolar a otros sin quedarte atrapada en la desesperanza. Cada vez que lo uses, deja que el amor se extienda desde ti hacia quienes lo necesiten.

La Señora Depresión tomó el pañuelo, sintiendo su suavidad y calidez. Era un recordatorio tangible de que el amor podía ser un bálsamo, un camino hacia la luz, incluso en los momentos más oscuros.

Las Bolsitas de Regalo. Un Obsequio de Luz, Sabiduría y Amor

Después de que las emociones personificadas recibieran sus regalos, el Príncipe de Luz, Doña Sabiduría y el Amor se volvieron hacia los aldeanos, quienes los observaban con anticipación. Los tres guías compartieron una mirada de acuerdo y comenzaron a distribuir pequeños obsequios a cada habitante: tres bolsitas de tela fina, cada una con un contenido especial.

El Príncipe de Luz entregó la primera bolsita, que era de un tono dorado brillante y decorada con delicados hilos plateados. Al abrirla, los aldeanos encontraron un pequeño frasco que contenía polvo de fe.

—Este polvo de fe —explicó el Príncipe de Luz— es un símbolo de la luz que brilla en medio de la oscuridad. Cuando sientan que todo está perdido, tomen una pizca de este polvo y déjenlo caer sobre su piel. Recordará que la fe siempre está a su disposición, incluso en los momentos más oscuros.

Doña Sabiduría les entregó la segunda bolsita, hecha de un suave tejido azul celeste, adornada con bordados de delicadas ramas. Dentro, los aldeanos encontraron un pequeño pergamino enrollado, atado con una cinta de plata.

—Este pergamino —explicó Doña Sabiduría— contiene palabras de conocimiento antiguo. Cuando se sientan perdidos o confundidos, desenrollen este pergamino y lean las palabras inscritas en él. Les guiarán hacia decisiones basadas en la sabiduría que todos necesitamos en algún momento.

El Amor fue el último en entregar su bolsita, que era de un suave terciopelo rojo, con un cordón dorado que la cerraba. Dentro, los aldeanos descubrieron una pequeña piedra transparente en forma de corazón, cálida al tacto.

—Esta piedra —dijo el Amor con una sonrisa— es un recordatorio de que el amor es el fundamento de todo lo que hacemos. Manténganla cerca de su corazón. Cuando sientan que el odio, la tristeza o el rencor los consumen, sostengan esta piedra y dejen que el amor que reside en ustedes fluya hacia afuera, transformando lo que los rodea.

Los aldeanos recibieron las bolsitas con gratitud, sabiendo que estos regalos no eran simples objetos, sino herramientas que les ayudarían a enfrentar los desafíos que aún quedaban por delante.

Las Dificultades de Ver con Claridad las Emociones

Doña Sabiduría dio un paso adelante y se dirigió a todos los presentes.

—Cuando nuestras emociones están nubladas, nuestra percepción de la realidad se distorsiona. Vivimos en un mundo de miedo, tristeza y frustración, incapaces de ver las cosas como realmente son. Este es el mayor obstáculo que enfrentamos cuando no estamos sanados.

Velen, quien había encontrado el valor para enterrar a su hija, levantó la mirada y preguntó:

—¿Cómo podemos romper esas barreras? ¿Cómo podemos empezar a ver con claridad?

El Príncipe de Luz respondió, su voz grave resonando en el aire fresco de la montaña.

—Al enfrentarnos a nuestras emociones, no huir de ellas. Al permitirnos sentir sin juzgar, al hablar con otros sobre lo que realmente estamos experimentando. Así es como comenzamos a sanar. A veces, el dolor puede parecer interminable, pero cuando lo compartimos, se vuelve más ligero. No estamos solos en nuestras luchas.

Doña Sabiduría asintió.

—Es un proceso, Velen. No sucede de la noche a la mañana. Pero cada paso que damos hacia la comprensión de nuestras emociones, cada conversación honesta que tenemos, nos acerca más a ver la realidad tal como es, no como nuestras emociones no sanadas la colorean. El primer paso es la aceptación, el segundo es el coraje para enfrentar lo que hemos evitado por tanto tiempo.

Adira, con los ojos llenos de determinación, añadió:

—Quizás sea hora de que todos empecemos a hablar

de lo que hemos guardado en silencio. Quizás eso es lo que necesitamos para empezar a ver con claridad.

El Amor sonrió y, mirando a Adira y a los demás, concluyó:

—Es en la honestidad y en la apertura donde reside la verdadera fuerza. Al compartir nuestros miedos, nuestras tristezas y nuestras esperanzas, no solo nos liberamos, sino que también ayudamos a los demás a hacerlo. Ese es el poder del amor, de la sabiduría y de la luz. No debemos temerlo, sino abrazarlo. Es el camino hacia la verdadera sanación.

Los aldeanos, inspirados por estas palabras, comenzaron a hablar entre ellos, compartiendo sus historias, sus dolores y sus sueños. El aire se llenó de susurros, de palabras de consuelo y de promesas de apoyo mutuo.

Mientras tanto, el cielo sobre la Aldea del Dolor, tan lleno de estrellas, pareció brillar con una intensidad renovada, como si el universo mismo estuviera escuchando y respondiendo a su compromiso con la sanación y el renacimiento.

CAPÍTULO 15
El Camino de Regreso

Después de la reveladora noche en la montaña, los aldeanos comenzaron su descenso, guiados por el Príncipe de Luz y Doña Sabiduría. Habían visto lo que podría ser, y aunque el camino por delante sería difícil, en sus corazones ahora había una chispa de esperanza que antes no existía. Era una chispa que no solo iluminaba su presente, sino que también proyectaba luz sobre un futuro que por primera vez parecía lleno de posibilidades.

Mientras descendían por el sendero, el aire fresco de la montaña les trajo un sentido renovado de propósito. Cada paso que daban era un recordatorio de las cargas que habían llevado, pero también del poder que tenían para liberarse de ellas. Sin embargo, al llegar a la base, se encontraron con algo inesperado. Allí, esperando pacientemente, estaba el viejo autobús que había llevado a tantos de ellos a la Aldea del Dolor.

El Autobús del Renacimiento

Pero el autobús ya no era el mismo. En su costado, pintado en letras grandes y brillantes, había un nuevo lema: "Reconstruyendo un Nuevo Hogar, Creando una Nueva Vida". El mensaje era claro y resonaba con el sentimiento de transformación que habían comenzado a experimentar. El vehículo, que antes representaba un viaje hacia el dolor, ahora era un símbolo de renacimiento y esperanza.

La Llegada de Don Tiempo y Doña Vida

Al lado del autobús, esperando con sonrisas tranquilas, estaban Don Tiempo y Doña Vida. Sus rostros, que alguna vez reflejaron la gravedad de la tarea de guiar a las almas hacia el dolor, ahora mostraban una serena determinación y un atisbo de alegría. Estaban allí para ofrecer a los aldeanos una opción: regresar a la Aldea del Dolor o subirse al autobús y emprender un nuevo viaje hacia un hogar renovado.

Doña Vida fue la primera en hablar. "Sabemos que el camino aquí ha sido duro, y que muchos de ustedes han cargado con más de lo que deberían. Pero también sabemos que hay una nueva oportunidad ante ustedes. Este autobús no los llevará de vuelta al pasado, sino hacia un futuro donde puedan construir un nuevo hogar, una nueva vida. Una vida que ustedes elijan, no una que les sea impuesta."

Don Tiempo, con su voz pausada y llena de sabiduría, añadió: "El tiempo que han pasado aquí no ha sido en vano. Han aprendido, han crecido, y ahora es el momento de tomar todo lo que han ganado y usarlo para crear algo mejor. El pasado es solo una parte de ustedes, pero no tiene que definir su futuro. Cada momento que pasa es una nueva oportunidad para reconstruir, para empezar de nuevo."

El Discurso del Señor Dolor

Justo cuando los aldeanos comenzaron a tomar sus decisiones, el Señor Dolor, que había sido una figura central en sus vidas durante tanto tiempo, se adelantó. Su semblante, aunque todavía cargado con la gravedad de su papel, mostraba una nueva comprensión.

"Ustedes han caminado un largo y difícil camino," comenzó el Señor Dolor, su voz profunda resonando en el aire quieto. "Yo he sido su guía en este sendero, no porque deseara su sufrimiento, sino porque creía que en el dolor encontrarían la verdad sobre sí mismos. Y en muchos sentidos, lo han hecho. Pero el dolor, aunque necesario, no es el fin. Es solo un capítulo en la historia de sus vidas."

El Señor Dolor miró a aquellos que ya estaban al borde de subir al autobús. "Para los que han decidido partir, sepan que el dolor que han conocido aquí no es una cadena que los retendrá. Lo que han aprendido a través de él puede ahora convertirse en su fortaleza. Llévenlo con ustedes, no como un peso, sino como una herramienta para construir algo nuevo, algo más fuerte."

Luego, se volvió hacia los que aún permanecían indecisos, aquellos que no estaban seguros de si estaban listos para dejar atrás la Aldea del Dolor. "Y para los que se quedan, sepan que el dolor todavía tiene lecciones que ofrecer. No hay vergüenza en quedarse un poco más, en profundizar su entendimiento antes de estar listos para el siguiente paso. Pero recuerden, este no es un lugar donde deban permanecer para siempre. Cuando llegue el momento, encuentren la fuerza para seguir adelante."

Reflexiones al Pie de la Montaña

Adira y Asier, todavía reflexionando sobre las visiones que habían visto en las luces de la noche, fueron los primeros en acercarse al autobús. Adira pasó la mano sobre las letras pintadas, sintiendo la promesa de algo nuevo en cada trazo. "Asier, creo que debemos hacerlo. Debemos tomar este viaje y ver adónde nos lleva. Es nuestra oportunidad de vivir sin el peso de lo que hemos vivido hasta ahora."

Asier asintió, sus ojos brillando con una mezcla de emoción y determinación. "Sí, Adira. Es hora de dejar atrás lo que fue y construir algo nuevo, juntos. Hemos visto lo que puede ser y no quiero dejar pasar esta oportunidad."

Uno a uno, los aldeanos comenzaron a abordar el autobús. Algunos lo hicieron con pasos firmes, otros con una tímida esperanza. Pero todos compartían un deseo común: no volver a la Aldea del Dolor tal como la conocían, sino comenzar con una nueva perspectiva, con la intención de reconstruir y sanar.

Una Despedida y un Nuevo Viaje

El Príncipe de Luz y Doña Sabiduría observaron cómo los aldeanos subían al autobús. Sabían que este era solo el comienzo de un largo proceso, pero también sabían que los primeros pasos eran siempre los más importantes.

"Recuerden," dijo el Príncipe de Luz mientras se preparaban para partir, "el viaje no será fácil, pero tampoco será solitario. Se tienen el uno al otro, y tienen la sabiduría que han ganado. Usen eso para guiarse en los días que vendrán. La vida les ofrecerá desafíos, pero también les dará las herramientas para superarlos."

Doña Sabiduría añadió con una sonrisa cálida: "Y no olviden que la vida es un viaje constante. Hoy han elegido un nuevo camino, y estamos orgullosos de cada uno de ustedes por dar este paso. No tengan miedo de lo que vendrá, porque juntos, pueden enfrentar cualquier cosa."

El Amor, siempre presente, aunque en silencio, miró a los aldeanos con una mezcla de ternura y orgullo. "Recuerden también que el amor es la fuerza que sostiene todo lo demás. Es el amor lo que les ha traído hasta aquí, y será el amor lo que los llevará más allá."

Palabras de Doña Vida y Don Tiempo en el Autobús

Cuando todos los aldeanos que habían decidido partir estuvieron a bordo, antes de que el autobús comenzara a moverse. Dentro, el ambiente era una mezcla de nerviosismo y esperanza. Doña Vida, que estaba sentada al frente del autobús, se levantó para dirigirse a todos.

"Este viaje es diferente a cualquier otro que hayan emprendido," comenzó, su voz suave pero llena de convicción. "Este no es un viaje para escapar del dolor, sino para integrar todo lo que han aprendido en un nuevo comienzo. El camino por delante no estará libre de desafíos, pero cada uno de ustedes lleva consigo la fuerza y el conocimiento necesarios para enfrentarlos."

Doña Vida miró a cada uno de los aldeanos, sus ojos llenos de compasión y comprensión. "Recuerden que la vida es un constante renacimiento. Cada día es una oportunidad para ser algo más, para dejar atrás lo que ya no les sirve y abrazar lo que les ayudará a crecer. Ustedes son los arquitectos de su propio destino, y este autobús es solo el vehículo que los llevará hacia lo que decidan construir."

Don Tiempo, que había estado escuchando en silencio, se acercó a los aldeanos. "El tiempo que han pasado en la Aldea del Dolor ha sido valioso," dijo, su voz resonando con la sabiduría de los años. "Pero el tiempo no es algo que deban temer. El pasado es una lección, el presente es una acción, y el futuro es una posibilidad. Cada momento es una oportunidad para cambiar, para mejorar, para sanar."

"Y recuerden," continuó Don Tiempo, "no importa cuán oscuro pueda parecer el camino, siempre hay una luz al final si están dispuestos a buscarla. Ustedes han tomado la decisión de buscar esa luz, y por eso los honro. Ahora, es su responsabilidad mantener esa luz encendida, no solo para ustedes, sino también para aquellos que aún puedan estar perdidos en la oscuridad."

Un Nuevo Comienzo para Mario, Teresa y Kael

Mientras el autobús avanzaba, Mario y Teresa, que habían pasado por su propia travesía de dolor y redención, se encontraron sentados frente a Kael. Mario miró a Teresa con una mezcla de amor y resolución. "Hemos vivido demasiado tiempo en la sombra, pero hemos visto que hay luz más allá de la oscuridad. No estamos solos en esta lucha, y juntos podemos encontrar un nuevo camino. He aprendido que el amor puede florecer incluso en la oscuridad, pero necesita luz para crecer."

Teresa, tomando la mano de Mario, añadió: "Hemos perdido tanto, pero también hemos ganado una nueva perspectiva. La esperanza que hemos encontrado aquí es algo que queremos llevar con nosotros, para reconstruir no solo nuestra relación, sino también nuestra comunidad. He comprendido que la esperanza es el primer paso para cualquier sanación, y quiero compartir esa esperanza con los demás."

Kael, con su presencia calmada y llena de sabiduría, asintió. "El dolor nos ha moldeado, pero no tiene que ser nuestro destino final. Podemos usarlo para crecer, para sanar, y para guiar a otros en este camino hacia la luz. Hoy he aprendido que cada herida puede ser una lección, si estamos dispuestos a escuchar lo que tiene que enseñarnos."

Conversación en el Autobús: Dejar Atrás la Aldea del Dolor

Mientras el autobús avanzaba lentamente, alejándose de la Aldea del Dolor, Asier y Adira reflexionaban sobre los líderes que habían influido tanto en sus vidas. Cada uno representaba una emoción que los había mantenido atrapados: Culpa, Miedo, Envidia y Angustia.

—La Señora Culpa nos hacía cargar un peso que no era solo el de nuestros errores, sino también el de su insistencia en que nunca seríamos suficientes —dijo Asier.

—Y el Señor Miedo nos paralizaba, haciéndonos ver peligros incluso donde no los había —añadió Adira—. Nos hizo dudar de cada paso, como si todo fuera a derrumbarse en cualquier momento.

Recordaron también a la Señorita Envidia, que los había llenado de desconfianza y descontento, y a la Señorita Angustia, que parecía envolverlo todo en una tensión insoportable.

Pero ahora, al hablar de ellos, se dieron cuenta de algo importante: esos líderes solo tenían poder porque ellos mismos les habían permitido influir en sus vidas.

—Al final, dejamos que nos definieran, pero ya no más —dijo Asier, mirando por la ventana—. Los dejamos atrás, y con ellos, las cadenas que nos ataban.

Adira asintió con una leve sonrisa.

—Sí, y ahora somos libres para elegir a qué emociones

escuchamos y cuáles dejamos atrás.

La Aldea del Dolor había quedado atrás, y con ella, el peso de esas emociones que antes los definían. Este nuevo comienzo no era solo el final de un camino difícil, sino el inicio de una vida donde ellos decidían cómo avanzar, libres de las sombras del pasado.

El Futuro que Nos Espera

Así comenzó un nuevo capítulo en sus vidas, un capítulo titulado "Reconstruyendo un Nuevo Hogar, Creando una Nueva Vida." Y en ese viaje, guiados por Don Tiempo y Doña Vida, los aldeanos supieron que habían elegido correctamente: un futuro donde el dolor ya no sería su único maestro, sino solo una parte del camino hacia algo mucho más grande.

Con cada kilómetro que recorrían, se alejaban de la oscuridad y se acercaban a una vida donde la esperanza, el amor y la sabiduría guiaban sus pasos. La Aldea del Renacimiento estaba aún por construirse, pero en los corazones de los aldeanos, ya comenzaba a tomar forma, lista para florecer con la luz que habían decidido abrazar.

Mientras el autobús continuaba su viaje, el cielo comenzaba a iluminarse con los primeros rayos del amanecer, señalando no solo el comienzo de un nuevo día, sino el inicio de una nueva vida para todos aquellos que habían decidido cambiar su destino.

El Desvanecimiento de los Guías

No todos los aldeanos entraron al autobús para partir. Algunos decidieron quedarse un poco más en la Aldea del Dolor, sintiendo que aún había algo que necesitaban aprender o liberar. Mientras observaban el autobús alejarse, algo mágico sucedió. El Príncipe de Luz, Doña Sabiduría y el Amor se desvanecieron lentamente frente a todos, dejando atrás un suave resplandor que pareció fusionarse con el amanecer.

Este desvanecimiento no era una despedida final, sino un recordatorio de que la luz, la sabiduría y el amor siempre estarían con ellos, aunque no los vieran físicamente. Los guías habían cumplido su propósito, y ahora era el momento de que los aldeanos siguieran adelante, confiando en lo que habían aprendido y en la fortaleza que habían descubierto dentro de sí mismos.

El camino hacia la luz, hacia el renacimiento, estaba abierto para todos aquellos que decidieran recorrerlo, llevando consigo las lecciones, los recuerdos y la esperanza de un futuro que ya comenzaba a brillar.

El Cierre del Relato de Adira y Comienzo de una Nueva Vida

Adira tomó una respiración profunda, dejando que el aire llenara su pecho mientras observaba a la audiencia reunida a su alrededor. Sus manos apretaban con fuerza el libro que Clair había escrito, aquel relato desgarrador donde narraba su historia y la de tantos otros que habían sido parte de la llamada "Aldea del Dolor". Ese título resonaba con la crudeza de las vivencias plasmadas en sus páginas.

Al cerrar el libro, sus ojos se quedaron fijos en la portada. Allí, un dibujo de un autobús abarrotado de personas desesperadas parecía cobrar vida frente a ella. Las miradas vacías, los cuerpos apretados, todo le recordaba lo lejos que había llegado y lo que había tenido que superar para estar de pie en ese momento. Por un instante, Adira se dejó envolver por esos recuerdos, sintiendo el peso de su propia historia, pero también la fuerza que había ganado al atravesarla.

La luz suave de las velas iluminaba las caras llenas de expectación, y el sonido lejano del violín creaba un ambiente de ensueño. Había llegado el momento de cerrar el círculo, de llevar su relato a su fin, no con tristeza, sino con la promesa de un nuevo comienzo.

"Y así," dijo Adira con una voz serena pero llena de emoción, "termina nuestra historia de la Aldea del Dolor. Una historia que, aunque llena de desafíos y sufrimiento, nos llevó a este momento, a este lugar donde estamos rodeados de amor y esperanza. Lo que comenzó como un viaje de dolor se ha transformado en una celebración de vida y amor. Hemos aprendido que, a pesar de todo, siempre hay luz al final del túnel, y que el amor es la llama que guía nuestro camino."

Asier, quien había estado observando a Adira con un amor profundo y sereno, se acercó a ella y le tomó la mano. "Lo que Adira y yo compartimos en ese lugar, lo que todos ustedes han escuchado hoy, no es solo un relato de supervivencia. Es un testimonio de lo que somos capaces de lograr cuando nos mantenemos unidos, cuando elegimos el amor por encima del miedo y la esperanza por encima de la desesperación."

La sala permaneció en un silencio reverente por un instante, antes de que una ola de aplausos llenara el espacio. Los amigos y familiares se pusieron de pie, algunos con lágrimas en los ojos, otros con sonrisas amplias, celebrando no solo la historia que acababan de escuchar, sino también el amor que unía a Adira y Asier.

Esperanza, que había estado observando con una sonrisa cálida, fue la primera en acercarse a la pareja. "Han compartido con nosotros una historia que todos llevaremos en nuestros corazones," dijo, con la voz ligeramente quebrada por la emoción. "Pero lo que más celebraremos hoy no es solo el final de ese viaje, sino el comienzo de su nueva vida juntos."

Luego, con una chispa de alegría en sus ojos, Esperanza continuó: "Pero antes de que continuemos con la celebración, tengo una sorpresa especial para ustedes."

El murmullo de expectación llenó la sala mientras Esperanza se dirigía hacia la puerta. "A lo largo de este viaje, han tenido guías que los han acompañado en su camino. Y hoy, uno de ellos ha venido para estar aquí con ustedes en este momento tan especial."

La puerta se abrió suavemente, y al entrar en la sala, todos los presentes sintieron una calidez indescriptible. Era Amor, radiante y sereno, que caminaba hacia Adira y Asier con una sonrisa que iluminaba el lugar. Su presencia era reconfortante, llena de una energía que hacía sentir a todos que estaban rodeados de algo más grande que ellos mismos.

"Adira, Asier," dijo Amor, con su voz suave pero poderosa, "ustedes han recorrido un camino difícil, pero también han descubierto algo maravilloso en ese viaje: la fuerza que reside en el amor verdadero. Hoy están rodeados de quienes los aman, y eso es un reflejo de lo que han sembrado en sus corazones. Han aprendido que el amor no solo cura, sino que también ilumina los caminos más oscuros."

Amor hizo una pausa, mirando a la pareja con una sonrisa juguetona antes de continuar. "Pero no he venido solo. Quiero que miren por esa ventana," dijo, señalando hacia una ventana grande que daba al exterior.

Con curiosidad y una mezcla de emoción, Adira y Asier, junto con todos los invitados, se dirigieron hacia la ventana. Al mirar hacia afuera, vieron una escena que les llenó el corazón de alegría y gratitud. Allí, estacionado justo frente al lugar de la boda, estaba el viejo autobús que los había llevado a la Aldea del Dolor. En su costado, pintado en letras grandes y brillantes, el nuevo lema: "Reconstruyendo un Nuevo Hogar, Creando una Nueva Vida." El mensaje resonaba aún más fuerte ahora, en este momento de celebración.

Y justo al lado del autobús, saludando con entusiasmo, estaban Don Tiempo y Doña Vida. Sus rostros, llenos de alegría y satisfacción, reflejaban el orgullo de haber acompañado a tantos en su viaje hacia la sanación. Al verlos, los ojos de Adira se llenaron de lágrimas, pero esta vez de pura felicidad.

Doña Vida levantó una mano, enviándoles un cálido saludo, mientras Don Tiempo les hacía un gesto de aprobación, como si les recordara que el tiempo es un aliado en el viaje de la vida, y que cada momento es una oportunidad para seguir adelante.

Amor se unió a la pareja en la ventana y les dijo en voz baja: "Ellos estuvieron con ustedes en los momentos más oscuros, guiándolos y apoyándolos. Hoy, han venido para recordarles que siempre estarán allí, listos para acompañarlos cuando lo necesiten. No importa cuán lejos vayan, siempre podrán regresar a ellos, sabiendo que el amor, el tiempo y la vida son los pilares que sostienen su camino."

Las palabras de Amor resonaron profundamente en todos los presentes, llenando la sala de una sensación de paz y gratitud. La pareja se abrazó una vez más, rodeada por los aplausos y el cariño de todos.

En ese momento, Esperanza hizo una señal a los servidores que aguardaban atentos, y ellos comenzaron a repartir copas en forma de corazones entre los invitados. Mientras las copas pasaban de mano en mano, Esperanza sacó un cuadro de cristal, también en forma de corazón, y se lo entregó a Amor. Este lo sostuvo por un momento antes de dirigirse a Adira y Asier con una sonrisa cálida.

—Allá en la montaña —dijo Amor, con voz profunda y llena de significado—, les entregué una pequeña piedra en forma de corazón, con la esperanza de que entendieran que era solo una semilla. Hoy he visto que esa semilla ha florecido en ustedes. Han hecho crecer algo grande y hermoso, más allá de lo que yo pude imaginar. Por eso, ahora les entrego este cuadro más grande, como símbolo de lo que han construido juntos.

En sus manos, la piedra comenzó a brillar intensamente, transformándose en una figura más grande y luminosa. Dentro del cristal se formó la imagen de Adira y Asier, entrelazados en un abrazo, reflejando su unión y fortaleza. Amor extendió el cuadro hacia ellos, y ambos lo recibieron con lágrimas en los ojos, mientras los invitados observaban con admiración.

Esperanza tomó una copa y levantó la voz con alegría.

—¡Un brindis por Adira y Asier! Por su amor, por el futuro que construirán juntos y por todos nosotros, que hemos tenido el privilegio de ser parte de su viaje.

Todos los presentes levantaron sus copas al unísono, y el sonido de los cristales chocando llenó la sala. Las risas y los aplausos se elevaron, mezclándose con la música que volvía a tomar protagonismo, envolviendo el ambiente en una energía vibrante.

La celebración continuó, no solo como un homenaje a la unión de dos almas, sino como una afirmación de la vida misma, del poder de crecer, sanar y amar. En ese momento, no había pasado ni dolor, solo un presente lleno de luz, amor y la promesa de un futuro construido desde el corazón.

A medida que la noche avanzaba, Adira y Asier se encontraron de nuevo rodeados de sus amigos, todos ansiosos por seguir escuchando más de sus historias, por compartir recuerdos y sueños. Pero esta vez, las historias que contaban no eran de dolor ni de lucha, sino de esperanza, de amor, y de la certeza de que, pase lo que pase, siempre encontrarían la manera de iluminar hasta los caminos más oscuros.

La noche continuó bajo el cielo estrellado, lleno de promesas y nuevas aventuras por venir. Y mientras la celebración seguía, Adira y Asier sabían que estaban listos para cualquier cosa que el futuro les deparara, siempre y cuando lo enfrentaran juntos.

Así, el relato llegó a su fin, no con un adiós, sino con un cálido "hasta luego," mientras la vida, con todos sus matices de luz y sombra, continuaba desplegándose ante ellos, esperando ser vivida en toda su plenitud.

Lecciones de Vida para Aprender en Cada Capítulo.

Una guía práctica para tu sanación.

Cada uno de estos capítulos no solo narra una historia, sino que también invita a reflexionar profundamente sobre la vida y las lecciones que podemos extraer de nuestras experiencias cotidianas, adversidades y emociones.

Estos textos te guían en un viaje de autodescubrimiento y crecimiento personal, ayudándote a encontrar significado, resiliencia y paz en cada paso de tu camino.

Capítulo 1: El Origen de la transformación

Adira y Asier enfrentan la tragedia en sus vidas. A través de sus experiencias, nos enseñan cómo el dolor, aunque inevitable, puede ser una fuerza transformadora si se aborda con coraje y resiliencia. Su historia muestra la importancia del amor como elección consciente y la necesidad de adaptarnos a las circunstancias para superar los desafíos.

Lecciones de Vida

El dolor es inevitable, pero no define nuestro destino: La vida presenta desafíos y pérdidas, pero nuestras respuestas a esas adversidades moldean nuestro futuro. Adira y Asier encuentran fuerza y esperanza en medio de la tragedia, demostrando que el sufrimiento, aunque doloroso, puede ser un camino hacia la transformación.

El amor es una elección constante: El amor entre Adira y Asier se presenta como una decisión consciente de apoyarse mutuamente, a pesar de las dificultades. El amor verdadero es perseverante y se cultiva en las acciones diarias, no solo en los momentos felices.

La adaptabilidad es clave en tiempos de crisis: Adira y Asier aprenden que la flexibilidad y la capacidad de adaptarse a nuevas realidades son esenciales para superar desafíos inesperados.

Capítulo 2: Lecciones de Vida tras el desastre

Adira y otros sobrevivientes de un devastador terremoto enfrentan la pérdida y la incertidumbre mientras intentan reconstruir sus vidas. A través de sus experiencias, aprendemos sobre la importancia de la resiliencia y el valor de la comunidad.

Lecciones de Vida

Resiliencia en la adversidad: La capacidad de seguir adelante, incluso ante pérdidas devastadoras, es fundamental. La resiliencia nos permite adaptarnos y reconstruir nuestras vidas después de una tragedia.

La importancia de la comunidad: En momentos de crisis, el apoyo mutuo y la solidaridad son vitales. Las conexiones humanas nos ayudan a sobrellevar el dolor y a encontrar esperanza.

El valor del coraje ante lo desconocido: Enfrentar un futuro incierto después de una tragedia requiere coraje. Este capítulo resalta la importancia de la valentía y la toma de decisiones audaces, incluso cuando el resultado es incierto.

Capítulo 3: Sabiduría en la Aldea del Dolor

En la Aldea del Dolor, los habitantes deben enfrentar sus sufrimientos para poder sanar. Este lugar refleja cómo el dolor, aunque inevitable, puede ser una fuente de crecimiento personal si se aborda con valentía. Las interacciones entre los personajes, como Don Tiempo y Doña Vida, nos enseñan sobre la importancia de la colaboración, la amistad y la paciencia en el proceso de sanación.

Lecciones de Vida

El dolor como parte del crecimiento personal: La Aldea del Dolor simboliza un espacio donde las personas deben enfrentar y aceptar su sufrimiento. El dolor, aunque inevitable, es una oportunidad para crecer y sanar si se aborda con valentía y honestidad.

El poder de la colaboración y la amistad: La relación entre Don Tiempo y Doña Vida destaca que las conexiones humanas basadas en la confianza, el respeto y el apoyo mutuo son esenciales para superar las adversidades.

El valor de la paciencia en el proceso de sanación: Sanar del dolor emocional no es un proceso rápido; requiere tiempo y paciencia. Es crucial permitir que el tiempo haga su trabajo y no apresurar la recuperación.

Capítulo 4: Reflexiones sobre el Viaje de la Vida

Los personajes de este capítulo, cada uno con su propia mochila llena de recuerdos y emociones, nos llevan a reflexionar sobre el viaje de la vida. A través de sus historias, aprendemos sobre la importancia de reconocer nuestras experiencias pasadas y cómo estas moldean quiénes somos.

Lecciones de Vida

El viaje de la vida es único y personal: Cada persona lleva consigo una mochila que contiene su historia personal. Aunque viajemos juntos, cada uno tiene su propio recorrido y vivencias que lo han moldeado.

El poder de las historias personales: Los objetos en las mochilas de los pasajeros representan recuerdos y emociones significativas, enseñándonos que nuestras historias, aunque dolorosas, son esenciales para nuestro crecimiento.

La importancia de la reflexión y el autoconocimiento: Al mirar dentro de sus mochilas, los pasajeros confrontan su pasado y sus emociones, lo que les permite un mayor autoconocimiento. La introspección es esencial para comprender quiénes somos y cómo hemos llegado a serlo.

Capítulo 5: Enfrentando las Sombras de la Desolación

Este capítulo nos lleva a la Aldea del Dolor, donde los habitantes enfrentan las sombras de su sufrimiento. A través de simbolismos y personajes como el Señor Dolor y la Señorita Angustia, aprendemos sobre la inevitabilidad del sufrimiento y la importancia de enfrentarlo para encontrar paz.

Lecciones de Vida

El sufrimiento como parte ineludible de la vida: La Aldea del Dolor simboliza la realidad de que todos enfrentamos dificultades a lo largo de nuestra vida.

Este capítulo nos recuerda que debemos aprender a convivir con el sufrimiento y eventualmente superarlo.

La importancia de enfrentar nuestros miedos: Los líderes de la aldea, como el Señor Dolor y la Señorita Angustia, representan aspectos del dolor emocional. No podemos escapar de nuestras emociones negativas; debemos enfrentarlas directamente si queremos encontrar paz o resolución.

El poder de la fe en momentos de incertidumbre: Mantener la fe en un futuro mejor puede ser crucial. Este capítulo destaca cómo la fe puede ser una fuente de fortaleza cuando todo lo demás parece perdido.

Capítulo 6: El Poder de la Aceptación y la Comunidad

Los personajes de este capítulo, al cruzar un puente colgante y enfrentarse a sus miedos más profundos, aprenden valiosas lecciones sobre la aceptación de sus emociones y la importancia de la comunidad en el proceso de sanación. La estancia en las cuevas y las interacciones dentro de la aldea refuerzan estos temas.

Lecciones de Vida

Enfrentar el miedo: El cruce del puente colgante simboliza la necesidad de enfrentar nuestros miedos más profundos. A veces, los obstáculos que parecen insuperables son los que nos llevan a un mayor crecimiento personal.

Aceptar las emociones: Las emociones personificadas muestran que es crucial reconocer y aceptar nuestras emociones en lugar de reprimirlas. Solo al aceptarlas podemos avanzar en nuestro camino de autoconocimiento.

El proceso de transformación: La narrativa muestra que la transformación personal es dolorosa pero necesaria. A través de la confrontación con nuestras emociones, podemos crecer y cambiar.

La comunidad como refugio: La aldea ofrece un sistema de apoyo que alivia las cargas emocionales. Esto subraya la importancia de la comunidad y el apoyo mutuo en momentos difíciles.

El poder de la vulnerabilidad: Abrirse y compartir nuestras luchas internas puede ser liberador y fortalecedor. La vulnerabilidad nos conecta con los demás y nos ayuda a sanar.

Capítulo 7: Significado en la Monotonía y la Rutina

Denia, una de las habitantes de la aldea, descubre cómo encontrar significado en las tareas más simples de la vida diaria. Observando a las hormigas y enfrentándose a la presión social representada por los líderes de la aldea, Denia aprende sobre la importancia de la creatividad y la innovación para evitar la estagnación y encontrar propósito en lo que parece ser monótono.

Lecciones de Vida

El valor del trabajo constante: Las hormigas, con su labor incansable, nos muestran la importancia de la perseverancia y la dedicación, incluso en las tareas más simples.

La percepción de las tareas diarias: A veces, las responsabilidades diarias pueden parecer monótonas, pero un cambio de perspectiva puede revelar lecciones valiosas.

La importancia de la creatividad y la innovación: Encontrar nuevas formas de abordar las tareas rutinarias puede transformar lo monótono en algo significativo. La creatividad es esencial para evitar la estagnación y encontrar propósito en nuestras actividades diarias.

Capítulo 8: Resiliencia y Esperanza en la Adversidad

Candy y Réné, dos niños que deben cuidar a sus padres regresivos, enfrentan una carga física y emocional abrumadora. Sin embargo, a pesar de las difíciles circunstancias, encuentran la fortaleza para seguir adelante. Este capítulo nos enseña sobre la importancia de la resiliencia y la dignidad en medio de la adversidad.

Lecciones de Vida

Resiliencia ante la adversidad: Los niños del capítulo, a pesar de su carga física y emocional, encuentran la fortaleza para seguir adelante. La resiliencia es crucial para superar las adversidades.

Mantener la dignidad en circunstancias difíciles: Este capítulo subraya la importancia de aferrarse a nuestros valores fundamentales, incluso cuando enfrentamos desafíos abrumadores.

Capítulo 9: Rompiendo el Ciclo de la Resignación

Mauricio, un hombre consumido por su adicción al alcohol, y su hija Aurora, quien lo confronta con la verdad de cómo su adicción está destruyendo sus vidas, nos muestran el impacto destructivo de la resignación y la rutina. Juntos, comienzan un proceso de redención impulsado por el amor y la esperanza de un futuro mejor.

Lecciones de Vida

El peligro de la resignación: La resignación puede atraparnos en un ciclo de desesperanza y rutina, robándonos la capacidad de ver más allá de nuestra situación actual.

El valor del amor y las relaciones: Las relaciones significativas pueden ser una fuente poderosa de fuerza y motivación para superar desafíos personales.

La lucha contra la adicción: El capítulo subraya la dificultad de escapar de la adicción, pero también muestra que el deseo de cambio y la voluntad de luchar son esenciales para iniciar el proceso.

El poder del perdón y la redención: La esperanza de redención a través de la lucha y la promesa de un futuro mejor pueden dar la fuerza necesaria para intentar salir de situaciones destructivas.

La rutina como cárcel mental y emocional: La representación de la rutina como una cárcel subraya cómo los ciclos destructivos pueden impedir el crecimiento personal y la posibilidad de cambio.

Capítulo 10: El Arte de Soltar y Sanar

Velen, una mujer atrapada en el duelo por la pérdida de su hija, recorre diariamente un camino oscuro con su carretilla cargada de dolor y culpa. Un día, su hija se le aparece, rogándole que la deje descansar. Velen enfrenta la difícil decisión de enterrar finalmente a su hija y, al hacerlo, se libera de su propio sufrimiento, encontrando una paz que comparte con los demás aldeanos.

Lecciones de Vida

El dolor es parte de la vida, pero no debe definirnos: Todos enfrentamos pérdidas y dolor, pero aferrarse a esos sentimientos puede impedirnos avanzar.

Soltar no es olvidar: Dejar ir el sufrimiento no significa olvidar a nuestros seres queridos, sino permitirles descansar en paz y a nosotros mismos encontrar serenidad.

La sanación requiere valentía: Enfrentar y liberar nuestras emociones más profundas es un acto de valentía que nos permite sanar.

La paz interior es un estado que debemos cultivar: La paz se alcanza al soltar nuestras cargas emocionales y abrazar el presente.

Capítulo 11: Integración y Sanación de los Fragmentos Rotos

En la Aldea del Dolor, los habitantes enfrentan las partes rotas de sí mismos, representadas como egos fragmentados en las profundidades de sus cuevas. Hugo, Julia y Manín, cada uno luchando con su propio dolor y culpa, aprenden a aceptar e integrar estos fragmentos en una nueva identidad, comprendiendo que la verdadera fuerza no reside en ser completos, sino en seguir adelante a pesar de las piezas que faltan.

Lecciones de Vida

Aceptar las imperfecciones: La verdadera sanación no proviene de ser completos sino de aceptar nuestras imperfecciones como parte de quienes somos.

El poder de la vulnerabilidad: La vulnerabilidad es una fuente de fortaleza que nos permite conectar con nuestras emociones y crecer a partir de ellas.

Renacimiento personal: Aceptar nuestras fallas y culpas nos permite renacer, transformándonos en una versión más sabia y compasiva de nosotros mismos.

La sanación a través de la integración: La sanación no viene de intentar volver a ser lo que éramos, sino de integrar nuestras experiencias en nuestra identidad actual.

Capítulo 12: Reflejos del Alma

Kael, un hombre atormentado por un vacío profundo en su alma, deambula por la Aldea del Dolor. En su camino, se encuentra con un anciano que le revela que su vacío es un espejo de lo que su alma ha olvidado. Guiado por el anciano, Kael confronta las emociones que ha reprimido: Tristeza, Miedo, Soledad y Rabia. Al aceptar estas emociones como parte de sí mismo, Kael experimenta una transformación profunda, emergiendo con un corazón renovado y listo para enfrentarse al mundo con una nueva perspectiva.

Lecciones de Vida

Aceptar nuestras emociones: En lugar de reprimir nuestras emociones, debemos aceptarlas como parte de nuestra humanidad.

El dolor como maestro: El sufrimiento puede ser una guía para el autoconocimiento y la sanación.

Renovación personal: Aceptar y enfrentar nuestras sombras internas es el primer paso hacia la renovación y la paz interior.

Capítulo 13: Renacer del Dolor

Teresa y Marcos, tras perder su hogar y ver su relación

fracturada por la tragedia, encuentran en Kael un guía que los ayuda a enfrentar sus emociones más oscuras. Con su apoyo, logran confrontar el dolor, la culpa y la desconfianza que los han consumido, iniciando un camino hacia la sanación y la redención.

Lecciones de Vida

Enfrentar el dolor: Para sanar, debemos confrontar directamente las emociones dolorosas que nos afectan.

El apoyo en momentos difíciles: Tener un guía o apoyo en tiempos de sufrimiento puede ser crucial para encontrar la paz.

Redención y perdón: La sanación implica también perdonar, tanto a uno mismo como a los demás.

Capítulo 14: La Asamblea Bajo las Estrellas

Los habitantes de la Aldea del Dolor son guiados por el Príncipe de Luz, Doña Sabiduría y el Amor hacia la cima de una montaña, donde confrontan sus emociones más oscuras bajo un cielo estrellado. Cada líder emocional de la aldea comienza a comprender su verdadero propósito y recibe un regalo simbólico que les ayudará en su camino hacia la sanación. Además, cada aldeano recibe bolsitas con regalos de Amor, Sabiduría y Luz para guiarlos en su proceso de transformación personal.

Lecciones de Vida

La luz interior: La esperanza y la fuerza para superar

el dolor reside dentro de nosotros mismos.

Sanación colectiva: Compartir nuestros miedos y dolores con otros es esencial para la sanación colectiva.

Capítulo Final: El Camino de Regreso

Después de una noche reveladora en la montaña, los aldeanos, guiados por el Príncipe de Luz y Doña Sabiduría, deciden dejar atrás la Aldea del Dolor y embarcarse en un nuevo viaje hacia la Aldea del Renacimiento. Mientras algunos se quedan para seguir aprendiendo, la mayoría decide tomar el autobús hacia una nueva vida, simbolizando un nuevo comienzo lleno de esperanza.

Lecciones de Vida

El valor del nuevo comienzo: Nunca es tarde para comenzar de nuevo y reconstruir una vida más plena y significativa.

La importancia de la elección: Tenemos el poder de decidir nuestro destino y tomar las riendas de nuestra vida.